幸福樂齡
高年級的人生課

幸福樂齡 高年級的人生課

目錄

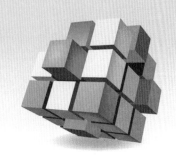

活在當下
老而無憂、老而自得！

文／賴進祥（寶佳公益慈善基金會董事長）

　　國際間通常以聯合國的定義看待人口老化問題，把65歲以上者視為老年人口，再依老年人口占總人口比率，界定人口老化程度，比率達到7％為「高齡化社會」，如果提高到14％是「高齡社會」，一旦攀升到20％以上，則被稱為「超高齡社會」。

　　全球人口老化趨勢日益嚴重，預計再13年，即2030年，將有34個國家要邁入超高齡社會，屆時每5個人就有1位老人。臺灣情形尤其嚴重，我們預計在2018年，也就是今年度就會進入「高齡社會」，到2026年更要步上「超高齡社會」。我們從「高齡社會」一直到步上「超高齡社會」，期間僅32年，遠比法國歷時156年，美國歷時92年要來得短，甚至比日本的35年還要快，成為另類臺灣奇蹟！

　　面對驚人的人口老化速度，很多人都還沒做好心理調適，於

是退休後整天隱居家裡，朋友不再往來，生活失去重心，渾身多處不對勁，充滿負面情緒，就算碰到好事情，同樣高興不起來，讓老人憂鬱症因而找上門。

依據世界衛生組織2015年公布的資料，老年人口罹患憂鬱症的比率約占7%，以臺灣2017年2月底的戶籍登記，65歲以上長者313萬3,699人推估，罹患不同程度的老人憂鬱症約21萬9千多人，但就診比率不到十分之一。

為幫助老年人逐漸走出陰霾，悠哉、自在度過晚年的生活，寶佳公益慈善基金會特別與董氏基金會合作，推動「老而無憂，老而自得──老年人憂鬱症防治宣導計畫」，除了規劃老化體驗、關懷長者等活動外，並決定要出版《幸福樂齡：高年級的人生課》一書，邀請12個各界的名人，暢述人生精彩的故事。這些人的年紀，最年長的87歲，最年輕的61歲，他們也將分享對老年的看法及生活的安排，他們的用心，令人感佩。

台積電創辦人張忠謀曾發表一篇有趣文章，篇名叫做「常想一二」，內容寫道：

朋友買來紙筆硯台，請我題幾個字，讓他掛在新居客廳補

壁。這使我感到有一些為難，因為我自知字寫得不好，何況已經有很多年沒寫過書法了。朋友說，怕什麼！我都不怕，你怕什麼？我於是在朋友面前展紙、磨墨，寫了四個字「常想一二」。

　　朋友問，是什麼意思？我說，我字寫得不好，你看到這幅字，請多多包涵，多想一、二件我的好處，就原諒我了。看我開玩笑的態度，朋友說，講正經的，到底是什麼意思？我回，「俗語說人生不如意事，十常八九」，我們生命裡頭不如意的事情占了絕大部分，因此，活著本身是痛苦的；但扣除八九成不如意的，至少還有一、二成是如意的、快樂的、欣慰的事情，我們如果要過快樂人生，就要常想那一、二成好事，這樣就會感到慶幸、懂得珍惜，不致被八、九成的不如意所打倒。

　　朋友聽了，非常歡喜，抱著「常想一二」回家了。幾個月之後，他來探視我，又來向我求字，說是，每天在辦公室勞累受氣，回家之後看見那幅「常想一二」就很開心，但牆壁太大，字題得太小，你就再寫幾個字吧！我對於好朋友，一向有求必應，於是為「常想一二」寫了下聯「不思八九」，上面又寫了「如意」的橫批，中間隨手畫一幅寫意的瓶花。

沒想到過幾個月，我再婚的消息披露報端，引起許多離奇的傳說與流言的困擾，朋友有一天打電話來，說他正坐在客廳我所寫的字前面，他說，想不出什麼話可以來安慰你，唸你自己寫的字給你聽：常想一二，不思八九，事事如意。接到朋友的電話，使我內心很感動……。

　　最後容我以「常想一二，不思八九」送給讀者，虔盼大家有所感悟，並祝大家諸事如意，遠離老人憂鬱症的陰影，迎向快樂而自在的人生。

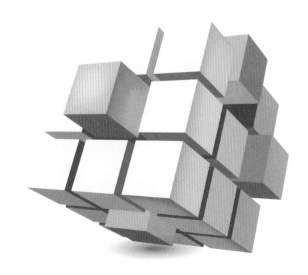

「變老」
是人生必經的旅程

文／姚思遠（董氏基金會執行長）

　　在臺灣已邁入高齡化社會之際，老年照護是必須重視的一環，如何讓民眾「懂老」、「防老」，進而「活躍老年」？董氏基金會近年在菸害防制中心、心理衛生中心及食品營養中心三個單位的衛教上，亦針對老年人的健康、生活提出相關有益的建議。

　　而《大家健康》雜誌除了定期刊物的出版外，過去幾年也規劃發行了《隨心所欲：享受精彩人生》、《心的壯遊》、《最美好的時光》及《隨遇而安》等書，經由這些年長有歷練的受訪者或作者所分享的人生經驗及老年生活的安排，不管是旅遊、健康管理及生命終點看待等，都為讀者提出一些好的想法。

　　此次與寶佳公益慈善基金會合作出版《幸福樂齡：高年級的人生課》一書，透過孫越、謝孟雄、黑幼龍、沈燕士、陶傳正、

張金堅、楊志良、陳益世、林靜芸、葉金川、譚艾珍及陳焜耀等各界名人的精彩故事，分享老而無憂，老而自得的人生思維。

「變老」是人生必經的旅程，但「恐老」是不少人在此旅程中所擔憂的，如何讓自己有快樂、無憂的第二人生？就以書中最年長，已87歲的孫叔為例，他真是一位相當有智慧的人生導師，不論過去在菸害防制的路上，見到他的堅持與公益價值，在老後人生的經營上，更是我們的榜樣。他認為，學習永遠不會晚，不要嫌老沒用，偶爾失誤，沒什麼大不了，當年紀漸長，就要懂得接受生命，度過「好玩」的餘生，去享受人生，讓生命豐富而沒有遺憾。這些是他人生淬鍊過後的精髓，值得我們細細品味揣摩。

《幸福樂齡：高年級的人生課》一書的出版，期望經由我們報導，編輯整理後，讓讀者更能吸取菁華，獲得更多人生啟發，尤其在未來退休，或是老後人生的規劃上，有更好的藍圖參考。

孫越

年老
是一種祝福！

1930年生，本名孫鉞，知名演員。曾主持公共電視節目「孫叔叔說故事」，而被稱為「孫叔叔」。1989年召開「只見公益，不見孫越」記者會，宣布退出商業演出，全心投入慈善活動，成為許多公益團體的終身義工。

孫越的演藝生涯，獲得諸多獎項肯定，其中1983年，是他演藝事業顛峰，獲得金馬獎最佳男主角；2010年，則獲頒金馬獎特別貢獻獎。1981年，他受洗成為基督徒，1983年，參與宇宙光發起的「送炭到泰北」的活動，從此開始獻身於傳播福音及公益活動。

1984年4月20日，在六龜拍攝電影《老莫的第二個春天》時開始戒菸，並擔任董氏基金會菸害防制志工至今日。2011年，政府肯定他對社會的卓越貢獻，特別頒贈景星勳章。最近三年，他在好消息電視台主持「孫叔唱副歌」節目，分享人生哲學。

許多長者面對年老、生病、死亡和孤單，常會問「活著還有什麼意義？」、「生活還有什麼盼望？」已87歲的孫越，生命對一般人來說，或許已到冬日，但對他而言，卻是剛到「唱副歌」階段，他自認這段時間，就像一首歌中最精華、最容易被吟詠的部分。

這幾年，孫越受邀演講，最常談的就是「活化老年」的議題，老年的心理問題容易被忽略，卻需要被重視。臺灣面對快速的高齡化現象，全臺65歲以上的人口約313萬人，保守估計，7%有輕中重度憂鬱症，也就是約有近22萬名老年人罹患不同程度的憂鬱症。面對老年憂鬱症的盛行，孫越提醒，這可能是整個社會

人生像是時序裡的四季，每個季節都可以各展其美：孩提時像春天的希望、青壯年像夏季的熱情奔放，中年像秋天的豐收，到了老年就像冬季裡的暖陽，每一個季節都有它優美獨特之處。用積極樂觀的態度來邁向人生終點，享受人生可讓生命豐富而沒有遺憾。

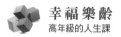
幸福樂齡
高年級的人生課

環境造成，我們需要正向面對，也需要更多的親友願意去陪伴協助，讓老年人積極就醫，才能讓這疾病不至於釀成悲劇。

孫越說，「人生中有許多事不見得盡如人意，透過轉念，在不如意中把它變得越來越好，是我們可以做到的。」要珍惜身邊人，積極生活，正向面對老年是應有的生命態度。

接受生命
度過「好玩」的餘生

孫越這些年，許多時間經常進出醫院，他的心臟裝了4根支架，肺部因肺腺癌、肺阻塞，不時令他難受，但他仍活躍在公益及傳播福音的工作上。他覺得年紀漸長的老年人，要懂得接受生命，度過「好玩」的餘生。

他說，有朋友認為退休後，時間變得很多，但生活卻過得很無聊，不知道該做什麼才好。於是他就建議朋友，不妨就帶上一杯咖啡（茶也可以）和一本書吧。

「很多人喝咖啡，拿起杯子就猛往嘴裡灌，一杯咖啡沒幾口就喝完了。可是在歐洲，我們不時會看到老年人坐在咖啡館，拿起小小的咖啡杯，小小的啜上一口，跟對方聊個幾句，再慢慢的

啜口咖啡，這挺有情趣的。」放慢生活的腳步，細細的品味咖啡與人生的滋味，這才是老年人有的閒情逸致。

那看書呢？「看書就像吃東西對身體的重要性一樣，是我們補充心靈養分的重要方法，看書沒有年齡的限制，無論你年紀多大，都很值得看書。可是許多人老了以後只看電視，不看書，還說自己年紀大了，眼睛花了，所以沒辦法看。現在醫學進步，找個醫師或驗光師配付眼鏡，不管是看遠看近，配個多焦鏡片就解決。我們在日本坐地鐵或坐電車，常看到他們老老少少人手一本書。」可見年紀大或是眼睛不好，都不是不看書的好理由。

孫越認為，「老年歲月的快樂與否，完全取決於自己是否有所準備。只要願意重拾年輕時的興趣與理想，將它帶到老年生活中，敞開心胸，學習並培養新的興趣，老年生活絕對不會枯燥無聊。」

不要嫌老沒用
偶爾失誤，沒什麼大不了

有人覺得老是一件可怕的事，孫越認為，可以用享受的態度來面對老年，就不會覺得「老」是可怕的事了。

他說，「生命的體會，每個階段都不一樣。年輕有年輕的玩法，老年有老年的玩法，就算年紀大了不能四處跑，也可以試著閉上眼睛，嗅嗅空氣的味道，是不是很像過去某次旅行聞到的氣味，然後回想那次旅行的美好經驗。」

「有人常嫌自己老了沒用，其實年紀大了以後，隨著身體反應與年輕不同，不免就會有些以前不會出現的失誤。」他舉例自己曾有一次錄影前，想倒杯水，桌上擺了幾個杯子都很漂亮，一時不知道要選哪個，於是就請辦公室一位較有鑑賞力的女孩子挑選，挑了許久，最後選了一個杯子。沒想到，他竟順勢莫名做了把杯子放進背包的動作，結果杯子已有水，搞得背包都是水。孫

孫越對於心理健康議題相當關注，多次出席董氏基金會相關活動，提醒國人多運用「憂鬱症自我篩檢量表」，檢視自己的情緒。

越當場愣了一下，但把背包的水倒出來，然後坐著大笑，周遭的人也就跟著笑起來。

從這例子，看出孫越其實用幽默化解了尷尬，有些老年長者若發生同樣的事情，會生氣或遷怒身旁人，讓旁人情緒變得很不好；另有些老年長者，可能會怨嘆自己很沒用，連點小事都忘東忘西。而孫越一笑帶過，還變成趣事。

孫越說，「人老了以後，會有感覺統合失調的問題，像我明明知道杯子裡有水，可是等我選了杯子，竟然不自覺就把它倒進背包。背包進水了，就把水倒出來，擦一擦就好了，沒什麼大不了的。」

老年憂鬱症
要勇於求助

樂觀的態度，讓孫越接連面對老年的病痛，應對得比一般人來得輕鬆。他有時被問到，「生病會不會影響心情？」他笑說：「一點也不會。」

不過，心情的起伏有時難免會有變化，孫越表示，「不自尋煩惱，煩惱自然不來」的道理，雖然淺顯易懂，卻不易做到。年

 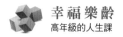

輕時面對難題和挑戰，失敗可重來；但老人的意志、理想再堅強，心裡卻明白，很難像年輕人一樣可重新來過。也因此老人常有許多憂心：擔心朋友老伴離開、擔憂跟不上時代變化、甚至一陣秋風吹過也會興起莫名愁悵。

「終身義工」孫越做公益的事沒有設限，只要是為民福祉，對社會有益的事，他都願意帶頭去做，例如：當臺灣捐血運動未盛行時，他就代言捐血活動，鼓勵民眾做個快樂捐血人。（圖／台灣血液基金會提供）

2007年有一天，孫越吃完早餐，想到教會兩位資深工作夥伴生病，又想到正在推展的重要工作該怎麼進行？結果愈想愈擔心，一陣無法克制的情緒，讓他很悶也很不舒服，接下來他做了一個動作就是「上網搜尋醫院及醫生的資料，下午就去看精神科。」

他說：「我不是強者，但我願意面對問題，治療後好多了」。之後，又有一次感到情緒低落，一時解不開，他同樣去檢查，遵照醫師指示治療，很快走出低潮。他從自身經驗體會到人若處於憂鬱，一定要向外求助，人到一定年紀，多少要透過藥物或其他治療，才較好維持健康。

他坦言，老人較會「傷春悲秋」，甚至引發老年憂鬱症。畢竟人難免會想到「最後」，例如：如何離開人世？離開前怎麼過得愉快？種種雜念和情緒並非子女朋友能瞭解，若加上過度執著，很難快樂。只有自己打開門，讓陽光照進來。面對陽光，將黑影甩在背後。

拒吸二手菸
反菸路上與董氏同行

30幾年前，臺灣還未有菸害防制觀念，不論公、私社交場合，都從互相敬菸開始；不論走到那兒吸菸都是個人自由，任何地方，菸灰缸也是不可或缺的擺設。1984年，孫越在高雄六龜鄉拍攝《老莫的第二個春天》，在一個鏡頭結束後，正想要吸菸時，突然莫名有一個念頭：「孫越，如果現在我吸菸對人家有害，我能不能吸呢？」於是就戒了37年的菸癮。

後來，知道以「現代林則徐」自許的董氏基金會開始反菸後，他主動拜訪董氏基金會創辦人嚴道董事長，以親身經驗建議：「要勸人戒菸，很難，不如從三分之二不吸菸的人口下手。」碰巧當時孫越和陸小芬、張菲、倪敏然等人，拍了一部電

 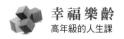

1986年，孫越與董氏基金會已故創辦人嚴道發起「拒吸二手菸」宣導活動，大眾也因而認清吸菸不只損己，也害人。

影叫《二手貨》，於是嚴道以此為構想，他想到，吸菸其實不只對吸菸的人自己有害，所吐出來的菸，周圍旁人吸進去，也會受到危害，於是提出「二手菸」的觀點，提醒癮君子不要製造二手菸，民眾也有權拒吸二手菸，捍衛自己及家人的健康權益。

從此「人人有權拒吸二手菸」成為臺灣拒菸的第一步！孫越也因而成了董氏基金會的終身義工，站上反菸的最前哨，不論是在菸害防制的宣導、戒菸活動的推廣、菸害防制法的立法及修法、促請菸品加稅等，都可以看見孫越的身影。

但過去是老菸槍的他，現在正為「肺阻塞」（COPD）所苦。事實上，孫越在十多年前就曾被醫師告知罹患COPD，只是當時他對COPD沒有概念，沒想到戒菸太遲，菸的傷害竟會糾纏一輩子！今年87歲的他笑說，自己每年都會因為肺部反覆感染、

發高燒而住院，「平均一年要住四次院，而且每次一住就是二十天。」所以他以過來人的經驗，很誠心地勸還在吸菸的人，趕緊把菸戒了吧。

學習永遠不會晚
年齡不是學習的障礙

學習新的資訊產品及3C用品，對不少長者來說是一個挑戰，但孫越早在智慧型手機的前身「PDA」時，就努力跟上「E化」。

他說，學習電腦或者3C產品，重點在於心態，不要年紀大就排斥任何以前沒做過的事。而善加利用3C產品對我們也有很多好處，像有粉絲頁可與朋友互動，用LINE與朋友聊天，生活可以過得很開心、很隨興。

對孫越來說，學習永遠不嫌晚，他在75歲時終於學會用「自由式游泳」。他說：「我從小喜歡游泳，但只會蛙式及仰式，74歲那年，想想游了一輩子泳，竟連自由式都不會。於是每天到游泳池拚命練習，也努力盯著其他游自由式的人，到了75歲時才終於學會游自由式。」

 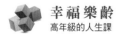

「別讓年齡成為你學習的障礙，怕的是不願意起頭。只要有心學習，就要勇敢嘗試，邁開腳步，也許轉個彎，就會發現更精采的人生在前面等著你！」

不要在意別人的眼光
凡事只求問心無愧

「我用十多年的時間經營自己，成了一位名人，如果把這些東西轉去幫助弱勢，神應該會喜悅。投入志工是我人生中最豐

「為什麼老人不能接受新的事物？」孫越喜歡嘗試一些3C、數位的科技產品，他覺得這些產品善加利用，可豐富生活的趣味。

富、最美好的日子。」孫越從過去的知名演員，息影後成為「終身義工」。

他認為，花太多的時間去努力贏得別人的贊同，是生命的罪過；太關心別人對自己的非議，是自己褻瀆自己。

尤其到了老年，不少人都會回想過去在職場的榮耀或擔任的職位，進而與現在的退休生活相比，心情有些落差，但孫越覺得，再美好的事跡都已成過往雲煙，要把握的是現在。現在可以做的就是將從前的趣味持續延續，面對許多老年階段的改變，與其心中不悅，不如將它趣味化。

因為神的愛
豁達看生死

孫越是虔誠的基督徒，他深信「信耶穌得永生」，體悟即使生病罹癌，也是基於神的愛！他說，「我把每一天當作最後一天在過，所以，每一天都在意我和家人的關係、我和社會的關係。」

有著豁達的生死觀，在孫越家「論生道死」並非禁忌。早在10幾年前，不忍將來過世後老伴悲傷，他便承諾太太孫媽媽「讓

 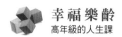

拒絕菸害
依照公約 全面修法

中華民國頭頸愛關懷協會｜台灣癌友單車運動協會｜台灣癌友友善協會

近年孫越深受慢性阻塞性肺病之苦，但只要有重要的公益活動，他仍出席盡一分心力。飽受菸害後遺症的苦痛，他苦口婆心地勸癮君子「把菸戒了吧」！

她先走」。這份達觀不僅是對成人，即使他和3個孫子談死亡，也磊落以對。他對死亡看得很坦然，甚至連遺書都準備好了，他說：「生命到了盡頭只是個過程，死亡就只是把肉體摔了一跤而已。」

孫越舉日本動畫大師宮崎駿的電影《神隱少女》裡面的一段話說：「人生就是一列開往墳墓的列車，路途上會有很多站，很難有人可以自始至終陪你走完。當陪你的人要下車時，即使不捨也該心存感激，然後揮手道別。」

他形容，人生就像是一趟列車，不論你是在哪站上車，總會看到來來往往、上上下下的人。有時候，你會在車上遇到對你情深義重的人，自然會伸出雙手熱情歡迎他；有時候，會碰到對你怒目相向的人，讓你覺得難以忍受，真希望他快點下車才好。

「請你記住一件事，人生裡頭有很多事情，就像車上的旅客一樣，來來去去，不必太過在意。所以，請善待共乘一車的乘客，將他們好好請進生命裡，善待他們如自己的家人，別讓這趟難得的旅程在結束時有任何遺憾。」他認為，生命既然不是由自己決定，那能做的就是要快樂，心滿意足地度過一生，並且珍惜身旁的人。

（文／葉雅馨、楊育浩、蔡睿縈）

  幸福樂齡
高年級的人生課

每個人都曾經年輕，
但不見得每個人都能老

孫越說，「年老，是一種祝福。透過
老年，可以修補過往錯誤；透過老
年，可以享受年輕人與中年人無法體
會的感受；雖然有病，卻能快樂度過
老年。」人生走到老，不是件容易的
事，「每個人都曾經年輕，但不見得
每個人都能老。」把每天都當成最後
一天來過，付出僅有的一點點力量，
來為自己的日子做一點點事情。

他認為，人要「服老」，並非成天唉
聲歎氣，感慨自己什麼都做不了；
「服老」是要面對現實，找到適合自
己年齡的生活方式，不要硬逼自己做
些能力不及的事，這樣才能活得更健
康愉快。「服老」是一種智慧，而不
是認輸，千萬不要逞強，否則造成身
體的傷害，就會後悔莫及。

謝孟雄

用心生活
做自己喜歡做的事

1934年生，前副總統謝東閔的長子，美國賓夕法尼亞大學醫學博士，知名婦產科醫師，是臺灣營養學會創始人，為臺灣營養學界貢獻頗多，曾經擔任實踐大學校長、臺北醫學大學校長、第二屆監察委員等。

謝孟雄有顯赫的政治家世，但不熱衷於政治。他的興趣廣泛，喜歡攝影、建築、研究史地。其中攝影技藝純青，已故知名攝影家郎靜山曾讚譽他「神乎其技」。攝影作品曾多次獲邀到國父紀念館的中山國家畫廊展出，現亦為中華藝術攝影家學會榮譽會員。

目前謝孟雄為實踐大學董事長、董氏基金會董事長，但最愛的還是教育工作，喜歡講課，與學生在一起。

老年人生活如何有趣，謝孟雄做了極佳的示範，旅行是他豐富生活的方式之一，他造訪過100多個國家，到過許多文明古國，加上他是攝影專家，總會與身旁友人分享自己用照片記錄旅行的樂趣。

　　有不少退休的人或年長者最想做的事，就是到各地旅遊，但又不知如何安排？謝孟雄建議年長者盡量先找與自己年齡相仿的人組團，因為參加年輕人的旅行團，老年人的體力常無法負擔；其次，要注意景點與車程的安排，盡量選擇精緻的定點旅遊，而非整天排滿景點或走馬看花，深度旅遊才能盡興。

人的身體一定會老，但心靈不能老，思想也不能老。平時培養自己的興趣很重要。如果不知道如何培養興趣，那就先想自己喜歡做什麼事，從做自己喜歡做的事開始，自然慢慢會產生興趣，做久了，開始出現成就感，對生命就會有熱情。

「旅行想要有感受，就是旅行時，每天記一頁心情！」謝孟雄每次出遊，回到旅館，不管再累，一定會坐下來把當天的行程和心情記錄整理下來，不用寫太多，但一定要做。因為通常等到旅行結束，回到家裡就不太會做了。

「我自己曾經旅行後想整理當時拍下的照片，可是時間一久，好幾年也沒整理。」謝孟雄強調「盡快做」這個原則很重要，老年生活一樣要去安排，「做」出來。會說的人太多了，只有真正做出來才有價值，就像教育家杜威說的，「實踐是檢驗真理的唯一法則」。

旅遊因人文歷史
可以變得不一樣

謝孟雄只要一開啟話匣子，周邊的人總被他聊不完的文化歷史和精彩的旅遊趣事所吸引，但要他從眾百次的旅遊日誌中，挖掘最值得分享的美景，他顯得有些遲疑，似乎每一處都有獨特吸引力，難分軒輊，但首推景點是「捷克」。

他感性地說：「捷克是一定要造訪的地方，光是布拉格（捷克首都），我就已經去了6趟，問我還要不要去，我還會再

去！」要去的理由依舊牽繫著源源不絕的文史歷程。問他為什麼鍾愛？他第一句話就是「神聖羅馬帝國的首都就在布拉格」。

6次造訪捷克，其中有一幕到現在都令他回味無窮，能夠在一處擁有三、四百年歷史的地窖餐廳裡用餐，是時空交錯的不可思議，「用餐時全部點著蠟燭，氣氛獨特，太迷人了。」

相較布拉格的浪漫、不受拘束，有點流浪者的味道，位在歐洲西南部的西班牙，是謝孟雄心中第二推薦造訪的夢幻國度。

在他書房一角的瓷瓶內，收藏了不少武士刀與寶劍，曾是婦產科名醫的他透露，醫生不是他小時候的夢想，出身戰亂年代的他，小時候想當軍事戰略家，雖然事與願違，至今仍著迷許多歷史戰役。

謝孟雄是「讀萬卷書，行萬里路」的實踐者，媲美明代著名的旅遊家徐霞客，他遍遊全球，特別鍾愛歐洲的旅遊。談起旅遊、攝影，他渾身是勁，眼睛靈動起來，「旅遊前，我一定會深入研究資料，了解該國的人文、歷史，所以我的旅遊跟別人很不一樣。」這就是他與眾不同之處，旅遊是繫在歷史的淵源軌跡上，所見、所走的宏偉建築、碎石小徑、巷弄昏燈、銅像泥塑都和歷史洪流交錯，任憑思緒飄向千年遙遠的世紀，咀嚼回味先民的混搭文化、宗教洗禮、人生百態、悲喜交集。

如果推薦一生只能去一個景點，謝孟雄毫不猶豫地説，就是「布拉格」。他用相機拍下捷克伏爾塔瓦河兩岸、布拉格皇宮側道的迷人風景。（圖／謝孟雄提供）

攝影結合旅遊
展覽作品流露音樂節奏感

攝影就是謝孟雄結合在旅途中的玩樂，用鏡頭記錄任何觸動心靈的畫面，原本是移動的落葉、流水、人影，定格後留住的是

剎那間絕美的永恆。許多精彩的攝影作品是他從旅行中得來的靈感。「我已經走遍100多個國家，但這世上還有很多地方值得去看，也有很多書值得閱讀！」

他在實踐大學教授歐洲文化史課程，生動活潑，許多珍貴的圖片、教材即是旅行中費心蒐集而來。學生上課看到栩栩如生的照片，都驚奇不已，但許多人還不知他的攝影作品，曾多次獲邀到國父紀念館的中山國家畫廊展出。

雖然他自謙是業餘的攝影玩家，但努力自學，技藝幾乎已臻巔峰，連攝影名家郎靜山都十分佩服的誇謝孟雄「神乎其技」──不打閃光燈，僅用自然光，竟可拍出絕佳作品。

有行家看到謝孟雄的攝影作品，特別是拍攝天鵝湖芭蕾舞

謝孟雄在2008年接下董氏基金會董事長，代表出席不少重要的公益宣導活動。2014年董氏基金會30周年時，他與終身義工孫越及前董事長賴東明一起留影。（圖／董氏基金會提供）

幸福樂齡
高年級的人生課

用「探戈」比喻年老與年輕
老年人要更懂得利用時間

謝孟雄對探戈很有研究，也用探戈來比喻年老與年輕的關係，「我喜歡在探戈律動的音符間，感受那種瞬間停頓的美感，透過鏡頭，我期望把這個瞬間的感覺留存下來。一曲探戈就像人的一生，有高低起伏，有抑揚頓挫。一首相同曲子的探戈，每個舞者的詮釋各有不同，有的洋溢青春，有的深沉老練；也像極了不同年齡的人對時間的運用，年輕的時候，時間充裕，充滿著青春活力，年老的時候，歲暮有限。年老的人想要和年輕人擁有一樣的時間，就要更懂得利用時間，認真投入在生命中。

者及探戈舞者，常覺得畫面充滿節奏感。謝孟雄坦言，要作品光影獨樹一格，畫面有feeling，必須配合音樂節奏，在按快門的剎那，精準的算好節拍，才能catch到人物的表情，讓畫面充滿節奏感、韻律感。「拍攝舞者，不能等動作出來才拍，必須配合音樂節奏，算好拍子按下快門，畫面才會精彩。」

　　不過，讓謝孟雄稍有遺憾的是，近年發表的幾乎都是攝影作品，很多人以為他是職業的攝影師，忘了他曾是國內知名的婦產

科醫師。「關於這點，老實說，我有一點失落啦！」謝孟雄笑著說。

青菜豆腐保平安
以享有代替擁有

現在83歲的謝孟雄，童年在戰爭的逃難中度過，他一直不忘孩童時先父的提醒：「物質生活要簡單，精神生活要豐富。」這句話一直深深影響他的人生觀。

「年少時的我似懂非懂，但銘記在心，長大後，愈來愈能瞭解先父這兩句話的意涵。人們要懂得以享有代替擁有，要有物質生活要簡單，精神生活要豐富的觀念，實行簡樸的生活，不要有太多的貪欲。」

謝孟雄回憶，「歷經巨變時期的父親，一生到95歲，沒有因物質生活好轉，而改變他原本儉樸的生活方式，飲食永遠是簡單的青菜豆腐，生活總以享有代替擁有的觀念，讓他的精神生活更豐富於物質生活。」

人的物欲是無窮的，謝孟雄認為，物欲會蒙蔽人的心智，使人產生貪念，嚴重者，甚至令人迷失，迷失到想以不擇手段、非

雖然謝孟雄自稱是攝影業餘玩家，但他的作品已獲邀至各地展覽，而他也不時與參觀的民眾交流，遇到知音，他特別開心。（圖／許文星攝影）

法的方式取得，可是取得後又陷入空虛的泥沼，想再追求更大的物欲來滿足，一再循環。物慾給的答案永遠無法滿足，只會使人愈陷愈深，終究無法自拔，相反的，追求精神生活，可以滿足人心靈上的空虛，在沮喪時也可給人良好的慰藉，舉凡天地宇宙、宗教、人文、藝術、讀書、繪畫等，都是精神生活追求的來源，取之不盡。

問自己想過什麼樣的人生？
不要以為人文是唱高調

有一次謝孟雄帶師生到德國參訪姊妹校烏茲堡科技大學的音樂廳，一般人想到音樂廳，就會聯想到氣派的水晶燈或裝飾，可

是在這間音樂廳裡，見不到亮麗的水晶燈，學校的校長告訴他，水晶燈和音樂根本沒有直接的關聯。那什麼才有直接關聯？等放出音樂後，才知道原來不起眼的音樂廳，竟有高品質的音效設備，德國人不重外表的華麗，實事求是的精神讓我佩服。

謝孟雄說，這個觀念和「物質生活要簡單，精神生活要豐富」的想法一樣，奢華的外表敵不過真實的內在，愈追求物質生活的奢華，只會讓人有更多貪念，只有精神生活豐富，萬物皆能怡然自得，遇到困苦挫折的時候，才能抵抗外在變化的物質條件。

即使到年老時，謝孟雄仍會思索並與人分享「你想過一個什麼樣的人生？」他提醒，如果有人文的思考，就能為你指出一個方向。如果缺少了人文，就會沒有方向，當不知理想何在時，便少了智慧，甚至少了人格。

「許多人以為提倡人文教育是在唱高調，因為人文沒有立竿見影的效果，需要長時間累積，許多人總覺得是在炒冷飯；相反的，科學有立竿見影的效果，甚至被認為是國家富強的利基。但是，當社會價值一直對人文不屑一顧，過度強調科學發展，地球可能會出現毀滅危機。」這也是為何他會在實踐大學積極推動人文教育，培養年輕學子有更多人文、藝術思考的動機。

已到過世界100多個國家的謝孟雄，美景盡收在他的鏡頭下。（圖／謝孟雄提供）

感謝牽手的包容付出
愛情的花園要常澆水

　　謝孟雄與另一半林澄枝牽手已55年，伉儷情深，在眾多攝影作品中，不難發現太太一直是他專屬的美麗模特兒。

　　「我太太最大的優點是很貼心、會替人著想，和她相處過的人都喜歡她。加上她做事仔細，深得長官信任，交辦事情也很放心。」或許緣於曾擔任婦產科醫師，謝孟雄和一般男士相當不同之處是，一向樂於公開讚美另一半，還會嘴甜的感謝太太的貼心忍讓，盛讚太太容顏美麗、賢淑端莊。

　　他很感謝太太為他、為家庭、為孩子付出，從不抱怨，直到50歲後，孩子大了才做自己。「我和她相處20多年後才知道，她

謝孟雄與另一半林澄枝牽手55年，相知相惜。對於謝孟雄愈到老年，愈多興趣發展成專業，她笑說先生最大的優點是「膽子大，敢做很多外行的事」。（圖／謝孟雄提供）

幸福樂齡
高年級的人生課

不喜歡吃豆子和一些青菜，之前她怕小孩偏食而營養失衡，還是煮給我們吃，陪我們一起吃。」

謝孟雄和林澄枝相知相惜超過半世紀，他大方分享如何維繫感情之道，提醒天下有情人：「愛情的花園一定要常澆水、勤保養，花朵才會美麗盛開！」

「三養」維持健康
老年心理健康要重視

有不少人問謝孟雄，「健康長壽的祕訣」是什麼？老年又該如何維持健康？他說，只要能力行「三養」觀念，就能擁有真實的健康。「三養」即是營養、保養與修養。

他解釋，吃得太多、吃得太補，不叫營養，例如：補充過多的維他命，對身體反而造成負擔。在選擇食物時，必須吃得對、吃得適量，均衡飲食才能有健康的身體。

再來，營養是維持身體機能運轉的首要條件，可是，如果只注重營養而缺少保養，仍然無法擁有健康。保養就是生活作習要正常，加上適時適量的運動。運動可以增加人的免疫力，有了好的抵抗力，就比較不容易生病。運動不僅包括肢體的運動，也應

包括大腦的運動。有人以為老了，就不用學習，不用去動腦，結果反而讓腦細胞更容易退化。其實活到老、學到老是必要的。

謝孟雄認為高齡的長者可以參與坊間開辦的成長學習活動，有了學習更能讓自己的大腦有動起來的機會，自然就不易老。

除了營養、保養，他提醒最後還要懂得修養，修養其實就是「心理的健康」。人的一生難免會遇到不順遂的事情，遇到不順遂的時候，千萬不要想不開，甚至做出對身體有害的行為。有時採取達觀的人生態度，轉個彎想問題，思考就會有不同的結果。

謝孟雄處事圓融，讓不少民間團體、公益團體、協會，爭相邀請他擔任董事長一職，他在不好意思拒絕下，不時有許多團體頭銜聚光在他身上。他坦言，這些頭銜身分是一種責任，也是壓力，有時忙不過來，對於一些團體無法有太多時間付出幫忙，心中一直過意不去，因為他覺得「賦予身分後，就要全心投入，以盡善盡美為目標。」

80歲後，謝孟雄想騰出一些屬於自己的時間，做一些一直想完成的事，於是辭去50多個單位的抬頭與職務，投入自己深愛的人文歷史研究，而建築、二戰歷史等，也都是他想繼續涉獵的方向。

（文／葉雅馨、楊育浩）

 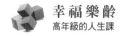

風雨甘苦
能成就更精采的人生

謝孟雄觀察到自然界在面對寒冬考驗時，有一套因應的生存法則，比如：植物在寒冬中落葉是為了減少水氣蒸發，靜待春天萌芽；動物在寒冬中冬眠，是為了度過食物匱乏的寒冬，這些道理值得讓人省思。

環境的轉變對人也是一種考驗，他比喻人生就像春夏秋冬，不會天天是春天，總有不順遂的時候，在寒冬中，不要放棄希望，沉潛修練，減少耗損，重新檢視自己的生活態度，人生最後會有冬過春來的時候。那時，你將會發現生活愈來愈美好，過去的風雨甘苦都會累積成經驗，成就更精采的人生。

黑幼龍

怕代溝而誤會
學習溝通與傾聽！

1940年出生，美國羅耀拉大學（Loyola University）碩士。
曾任休斯飛機公司經理、宏碁電腦公司副總經理、光啟社副
社長。現任卡內基訓練大中華區負責人。曾被評選為對臺灣
最有影響力的人士之一、20歲到40歲上班族最想追隨的領
導人之一。

1980年代的臺灣人對黑幼龍的印象是軍事達人，經常在電
視上暢談軍事科技，和時任台視主播沈春華搭檔主持的節目
──《新武器大觀》一度創下驚人收視率，是當時家喻戶曉
的主持人；到了1990年代，黑幼龍的人生有了轉折，民眾
開始稱他為「人際溝通專家」，只因他在1987年引進全球
知名的企業訓練課程「卡內基」。

成功的路向來不好走，許多人好奇他成功的祕訣，曾經歷初
中聯考落榜、高中留級的黑幼龍說：「成功從來都不是取決
於起跑點，而是在轉折點。」

2017年8月，黑幼龍現身桃園棒球場，為中華職棒Lamigo桃猿隊開球。在正式上場前，還不忘先在球場牛棚練習，看起來架式十足，家人、朋友原以為他會在現場5000多位球迷面前「挖地瓜」，沒想到竟一舉擲出好球，不僅姿勢一百分，還漂亮進壘，完全看不出已76歲高齡。

很多人上了年紀以後，常因退休或生病而覺得自己沒有用、鬱鬱寡歡，但黑幼龍依舊充滿活力，平時到公司仍選擇以捷運代步，問他會不會人太多太擠，爬樓梯不便？他笑說，就多走路，多運動。

許多上了年紀的老人家擔心摔倒、一跌不起，都很怕出門，經常窩在家裡，真的好可惜！銀髮生活不該這麼苦悶，多出去走走、認識新朋友，努力讓日子活得精采、踏實，並且保持一顆愉快的心情，多和年輕人膩在一塊，才能避免失智和憂鬱找上門。所以，朋友們，還猶豫什麼？盡情點亮人生最後一哩路吧！

不少人經常請教他溝通的問題，也不少「家事」想問他。當發現父母心情悶悶不樂時，子女該怎麼安慰？

黑幼龍建議，每個家中晚輩都該學會如何向長輩「問」問題，例如每個禮拜找一天，請父母分享近期發生最開心或最特別的一件事，並給予正向肯定，別小看提問的重要性！如果你的回應是積極肯定正向的，在這一來一往的互動下，可以幫助長輩重建信心！

不一定都得問開心的事情，有時發現父母不快樂，也可以問他有沒有遇到挫折的事情，若對方願意分享，建議靜靜聽完，並試著問他覺得可以怎麼做？總之，與其給建議，倒不如引導對方說出心中想法。

慘綠少年
靠英文重拾自信

被視為溝通專家的黑幼龍，從小並未有太多自信。在升學主義掛帥的年代，黑幼龍初中聯考卻名落孫山，只能就讀農校。高中時因為數學不及格，被迫留級，在走投無路下，他轉投軍校，開始了13年的軍旅生涯。談起求學之路，黑幼龍坦言自己不是勝

利組，甚至可以說整個學生時代過得很「慘綠」，對自己很沒信心，總覺得人生已經「害了了」（臺語，形容「糟糕透頂、完蛋了」），一直到發現自己的語文天賦，才讓他開始找回學習動力。

黑幼龍回憶，最初發現自己的語文天賦是在念軍校的時候。當時披頭四和貓王紅得火熱，搖滾曲風正夯，許多店家都播放他們的歌曲；好萊塢電影也開始在臺灣掀起旋風，奧黛莉赫本成了家喻戶曉的外國女星。

在充斥著大量英文電影和英文歌曲的背景下，黑幼龍發現，自己竟然聽得懂一些歌詞裡的單字，就連電影台詞也可以在不看字幕的情況下聽得懂幾句。而最讓他興奮的是，當時所有學科都遊走在及格邊緣，但英文分數卻有70、80分的水準。

某次和幾位就讀大學的朋友聊天時，黑幼龍更驚訝地發現原來很多人都聽不懂的單字，只有他這位考不上大學的人聽得出來，這個遲來的驚喜讓他重拾了荒廢許久的學習動力。在意識到自己有過人的語文天賦後，他開始認真學英文，每個禮拜至少花四天上補習班，而且不論再累，每天都一定會花時間念英文，「英文增加了我的自信，讓我發現原來自己也有別人沒有的長處。」

人很容易因為安逸而安於現況，有些人不想再多做改變，但黑幼龍勇於接受挑戰，鞭策自己不斷前進。你又是哪一種人呢？（圖／黑幼龍提供）

勇於面對失敗
享受過程帶來的快樂

　　皇天不負苦心人，黑幼龍不斷進修英文，終於在24歲時，考取公費留學。32歲就進入美商休斯飛機公司工作，在平均月薪僅3千元的時代，黑幼龍每個月的薪水高達3萬多元，羨煞旁人，只是待遇雖好，卻始終無法令他感到快樂紮實。後來應丁松筠神父之邀，40歲的黑幼龍進入光啟社工作，才開始在工作中找到自我。

　　他形容：「在外商公司工作是為了賺錢領薪水；但在光啟社工作卻是興趣，雖然薪水不高，只有原本的三分之一，卻讓我願

意每天早一點上班、晚一點下班，不論加班到多晚都能邊笑邊哼歌、開心地走回家。」

到底是什麼原因讓他這麼喜歡在光啟社工作？黑幼龍不假思索的回答：「做電視節目很有趣啊！可以天馬行空地發揮創意。」就像他剛到光啟社任職時，被指派企畫一個節目。雖然從來沒接觸過節目製作，但他腦筋動得很快，馬上想起1976年很受歡迎的美國電影《計程車司機（Taxi Driver）》，便利用自己過去在休斯飛機公司工作的經驗，構想了一齣《我是一名空服員》小影集，描述空服員在飛機上遇到的乘客，以及和這些乘客之間發生的有趣故事。

在節目企劃會議上，黑幼龍發表了自己的提案計畫，創新的節目內容引起長官和同事一致好評。儘管後來礙於經費，無法

黑幼龍與太太兩人當年一見鍾情，閃電結婚，靠著彼此「信任」和互相「讚美」，穩健攜手近半個世紀，夫妻倆常不吝於分享幸福智慧。他偶爾會陪太太上健身房運動，並佩服太太已74歲，還去健身房找教練上重訓課程。（圖／黑幼龍提供）

年紀愈大愈「老番顛」？怎麼溝通才對

許多民眾常抱怨家中長輩年紀愈大，愈來愈難溝通，很多事情一直重複說，很煩！但黑幼龍認為，長輩會重複說同樣的事情，多半是誤以為「子女沒有聽進去」。請試著回想一下，當父母同樣一件事嘮叨不停時，你是否邊看電視邊回應？還是低頭滑手機和平板，而沒有直視對方的眼睛，告訴他「我知道了」？

尊重說話的人，說來容易，但要做到並不簡單！黑幼龍建議，下回父母呼喊你的名字或是喋喋不休時，不妨放下手邊工作，看著對方的眼睛，「積極傾聽」，往往會有意想不到的收穫。

開拍，但從黑幼龍回想起這段往事，雙眼發亮的欣喜神情，不難看出他是打從心底喜歡、並且享受構想節目、企劃腳本的過程，「提案能夠獲得採納就是一種肯定，如果可以順利執行，當然很好；但就算最後沒有，我也不會覺得失望或可惜。因為有沒有實現對我來講並不重要，重點是這個過程是快樂的！」

符合興趣、本事和價值觀
工作才有成就感

和黑幼龍恰恰相反，「每天都不想上班！」幾乎是大多數上

班族共同的心聲。曾有求職網站調查發現，每到歲末年終之際，就會有高達八成的上班族想轉換跑道，平均每3.48年就會轉職一次。對於上班族經常出現的工作倦怠，黑幼龍認為，這是因為他們還沒有找到適合自己的工作。

想要判斷一份工作能否做得長久，就必須找到能符合「興趣」、「本事」和「價值觀」的工作，三者缺一不可。黑幼龍解釋，做喜歡的事是興趣，做自己能做好的事是本事、也是能力，而做自己該做的事就是價值觀和使命感，唯有當這三個條件像黃金三角型一樣三足鼎立時，工作才會有成就感，才能做得長久。

無奈的是，大多數的人都會「為五斗米折腰」而犧牲價值觀──為了領更多薪水，而選擇自己不喜歡、或是自覺違背良心的工作，就像有些人天生無法做銷售員，因為他無法推薦商品給他認為不適合的消費者。「如果你的工作常常會讓你覺得『這是不對的』、『為什麼要這樣做』，那你就會覺得工作很乏味、日子很難過，天天都想換工作。」

只是該如何判斷這間公司值不值得待下去呢？黑幼龍提供「現代管理學之父」彼得杜拉克的方法供大家參考。某次杜拉克在演講時，遇到台下觀眾舉手提問：「要怎麼知道現在工作的公司是不是一家好公司？」杜拉克聽了以後，回答道：「想知道問

 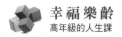

題的答案，只要自問兩個問題，問完以後連一秒鐘都不要去思索，只要能立刻回答『Yes！』，那你待的這家公司就是好公司。」

　　第一個問題是，你在公司裡有沒有受到尊重？第二，你在公司裡有沒有成長的機會？如果這兩個問題都能讓你毫不猶豫的回答：「Yes！」就可以放心地繼續做下去。不過，要怎麼知道公司有沒有尊重員工呢？黑幼龍建議不妨從「溝通」細節觀察，看主管平時如何跟下屬溝通，願不願意聽下屬的意見？開

空閒時間，黑幼龍喜歡閱讀、看電影或是找三五好友一起打麻將。問他還有沒有想實現的夢想？他說，最想寫小說，因為這是他小時候的夢想，而且故事已經想好了，但到底是什麼內容？黑幼龍語帶神祕的賣關子：「就是科幻推理小說」。剩下的，恐怕得等他夢想實現後，才能得知了！

會時，同事會不會彼此鼓勵、支持、肯定對方，還是都惡意抨擊、背後插刀？如此，便可看出公司內部是否有做到良性溝通。

重「人和」，喜「溝通」
遇到困境勇於改變現況

　　比起選擇薪資高、名聲響、規模大的公司，黑幼龍更看重組

織內部是否有良好的溝通。他經常以《從A到A+》這本書來提醒自己，這是史丹佛大學企管系教授柯林斯（Jim Collins）帶著一組同事，訪問調查了很多家原本平淡無奇，後來卻一飛沖天的企業，記錄公司的成長過程。書中提到，很多卓越的企業領導人都是溫文有禮，態度和藹、關心、感恩、謙遜的。

在擔任光啟社副社長時，黑幼龍與沈春華合作主持台視軍事科技節目《新武器大觀》，讓人們在螢光幕上認識他。直到1987年，47歲的黑幼龍將卡內基訓練引進臺灣，並連續多年獲得全球卡內基訓練代理機構總成績第一名，大家才開始對他有了不一樣的認識。

在光啟社待了五年，由於和新接任的社長理念不符，黑幼龍再一次選擇轉換跑道，進宏碁電腦公司擔任副總經理，負責行銷工作。只是做沒多久，他便發現自己不太習慣公司裡彼此競爭的部門文化，這讓喜愛溝通的黑幼龍極度不適應。

在一次偶然的機會下，黑幼龍閱讀到卡內基的書籍，覺得這就是他想要的——既能與人互動溝通，又能發揮影響力幫助人們往正向的心態發展。於是，黑幼龍毅然決然放棄穩定的工作，再度轉業。

那年，黑幼龍已經47歲，儘管中年轉職、創業風險很大，且

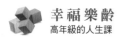

當時卡內基訓練尚未引進臺灣，能否獲得授權還不知道。但黑幼龍沒有因此打退堂鼓，反而親自打電話到美國總部希望能夠代理課程，被拒絕了幾次後，還親赴美國協調，終於成功地將卡內基引進臺灣。

打造臺灣卡內基王國
三十年來的心情是感恩

從談親子溝通的教養書籍、提升自我的勵志系列、到傳授人際溝通技巧的工具書，黑幼龍共出版了26本書籍，每一本都很暢

比起大部分的父母只注重子女課業，而忽略了人際關係，黑幼龍更重視孩子的人際溝通和情緒管理，平常也不會端出父親威嚴，和三個兒子不僅沒有代溝，還像好哥兒們般相處融洽。（圖／黑幼龍提供）

銷。有讀者形容，看他的書如獲至寶，每一句話都受益良多；曾聽過他演講的人更盛讚他一開口就讓人驚豔，每回開課，台下座無虛席，學生都目不轉睛，就怕漏聽了一個字。

　　從事卡內基訓練三十年，黑幼龍教過的學生不計其數，最難忘的是某次在大陸上總經理班，有一個在上海工作的新加坡商人分享，自從兩周前上了黑幼龍老師開的態度控制課程後，他開始反省自己平時對待員工的態度，是否有做到傾聽和尊重。後來，他想起半個月前開除的4名員工，便要求祕書打電話，把他們請回來上班，這在之前是絕對不可能發生的事，連他的祕書聽了都嚇一跳，再三確認。

　　或許旁人聽起來會覺得不可思議，但直到現在，每當黑幼龍分享這則故事，都會忍不住激動的情緒，「最開心的是，我發現

一個人來受訓，竟然可以影響到其他人，這讓我感覺自己真的有幫助到人，很有成就感。」如今，這位新加坡商人的經驗已經成為黑幼龍最常拿出來分享的例子，因為學會傾聽、尊重、讚美，是培養人際力的第一步，也是卡內基一直強調的精神。

這三十年來，黑幼龍大力開展業務，將卡內基訓練擴展到臺灣各區，2001年還進軍中國，甚至開拓了卡內基針對青少年的訓練課程，鼓勵家長從小培養孩子的人際力，這是連歐美都沒能跨出的一步。

截至今日，已經有超過30萬人成了卡內基的學員。假設平均每人會影響周圍5個人的話，粗估有超過150萬人的態度變得更好，學會感恩、包容和寬恕。回首創業路，黑幼龍覺得除了幸運，更重要的心情是感恩。

對一個人來說，30歲代表要確立自己的方向；對一家公司而言，30歲代表著已經在業界有一定的知名度和信任。卡內基「三十而勵」周年主軸定調為「感恩」和「回饋」，邀請了400多位學員回娘家，重溫當年上課時的歡樂和感動。（圖／黑幼龍提供）

老了，
更要「嘗鮮」！

　　哈佛大學曾花了75年的時間，長期追蹤700多位成人，每年研究團隊都會詢問受試者的工作、生活和健康狀況，並記錄下來。結果發現，比起孤獨的人，人際關係良好的人會活得更快樂、更健康、也更長壽，就連罹患失智症的機率也會明顯下降。顯見時時保持正向樂觀的態度和心理健康有多重要！

　　對於即將邁入耄耋之年的黑幼龍來說，從不認為自己「老」了。他說，想要凍齡、讓心不老，就得多和年輕人玩在一起。所以他最喜歡跟年輕人聊天，每次都會覺得很有趣，可以學到新事物。別看他年紀大，時下年輕人常用的Facebook他也有，還會定期在粉絲團上開直播和網友互動。

　　從2017年2月第一支「黑幼龍想和你談」直播影片播出後，已經累積了超過兩萬名忠實粉絲，而且不同於大多數的名人選擇委託公關處理，粉絲團的經營和回覆，黑幼龍全都自己來，不假手他人，因為對他來說，這是和年輕人交流最快速、方便的社交平台。

（採訪整理／張郁梵）

 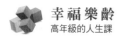

老年人退休後，
該參加長春課程嗎？

從事情緒教育多年，卡內基雖然沒有專為銀髮族設立的課程，仍三不五時遇到子女替父母報名來參加。以黑幼龍的經驗為例，他就曾遇過高齡85歲的學員，「偶爾也會有幾個60幾歲的，但很少數！」

許多社區大學或市政府都會舉辦長青學苑，為銀髮族量身訂做許多課程，但黑幼龍並不建議長者去參加，「與其和自己年紀差不多的人互動，倒不如多和年輕人相處！」

別以為老人就該跟老人交朋友！畢竟回家後，還是免不了得和子女、媳婦、女婿、孫子（女）溝通，而多和不同年齡層的人互動，才能了解他們在想什麼，減少代溝而衍生的誤會。

沈燕士

做人經商，到老都可
學習士大夫的風範

1943年生，臺灣大學農業化學系畢業後，至美國麻州大學
取得生化暨分子生物博士，並為康乃爾大學博士後研究員，
之後回臺至清華大學分子生物研究所任教。

1997年12月成立以血糖檢測儀為主力產品的五鼎生技，第
一年即有獲利，兩年半後，2001年即上櫃，是成功的生技
公司，也是臺灣第一大血糖測試儀製造商。2006年起，更
連續三年奪下《富比士》雜誌評比亞洲年度收益10億美元
以下，最佳200企業的殊榮。

在商場經營成功的他，學歷背景也與生化相關，但他卻是臺
灣最早發起重視現代文學出版的人之一，他與文壇詩人楊
牧、瘂弦，及好友葉步榮，共同創立純文學的洪範出版社。

1973年，在美國康乃爾大學進行博士後研究（postdoc）工作的沈燕士，突然間閃過一個「回臺灣吧！」的念頭，於是辭職，回到清華大學創辦分子生物系（即現在清華大學的生命科學院），開始了教授生涯。而這個選擇，最高興的是那時在大學任教的父親，因為從小父親就希望他成為一名學者。

原本穩定的在大學當教授，怎麼會突然間離開清華大學，從學術界轉往完全不同領域的商業界，成為一位企業領導者？沈燕士說，最大的關鍵點是一位研究生的大哉問。

當年紀漸長，記得找一件自己喜歡的事來投入，不要勉強，也不需強求自己做不來的事。像我選擇閱讀，這是一件美好的事，可以自由自在，放鬆心情，文學可以陶冶性情，到老更受用。而找到適合自己的生活方式，建立規律的生活習慣很重要，這能讓身心常保年輕。

有一次上課，學生問說：「我們畢業後的出路，難道只有出國念書、拿學位，當教授這條路嗎？」這句話給了他很大的衝擊，所學的是應用科學，為什麼不能學以致用？深思熟慮了兩、三年，沈燕士終於義無反顧，辭掉了大學教授一職，投入商業領域。

在中國人的觀念裡，教書的人是士大夫，社會地位最高，最末位是商人。春秋齊國宰相管仲在所著《管子》說道：「士農工商四民者，國之石，民也。」他說，38歲捨掉「士」的身分，創設三泰儀器公司，成為一名商人，轉換適應期五味雜陳，特地刻了「四民之末」的印章作為警惕之語，因為沒有回頭路，一定要有一番作為。

用腦袋做生意
找到利基的核心價值

沒資金、沒人脈，從零開始，沈燕士思考能做什麼樣的生意？又要如何經營？生化檢測最熟悉，也最擅長，他決定從醫療儀器開始做起，兩、三年下來，事業雖有訂單，瓶頸也愈來愈大，勢必再轉型，他發現耗材的市場利基才是商業核心價值，

2015年沈燕士經營的五鼎生技，榮獲臺灣第一屆亞太企業精神獎（圖／沈燕士提供）。

「就像刮鬍刀，必須持續購買刀片才能繼續使用。」

沈燕士抓到了經營精髓，又嗅到居家檢測商機，為了繼續證明所學能應用於產業界，繼三泰公司後，又開創了「五鼎生技」，著手研發電化學式血糖儀。鼎是古時候吃飯的食器，相傳周朝規定，天子用九個鼎，諸侯用七個鼎，士大夫用五個鼎，後來演變成身分的象徵。沈燕士出身學術界，自比為古代士大夫，便以五鼎為公司命名。

之後五鼎生技成功研發出電化學式血糖儀，是一臺結合儀器及耗材的居家檢測血糖機，商業價值潛力雄厚，並奪得國家產品金質獎。

當時全世界連同臺灣，只有英國、德國、日本廠商研發成功，此時捧著鈔票搶著投資的法人機構紛紛登門拜訪。五鼎生技也在兼具創新研發及耗材的經營理念下，成為生技醫材表現最亮麗的公司。

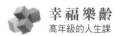
幸福樂齡
高年級的人生課

有人認為沈燕士成功經營五鼎生技，與臺灣科技之父李國鼎有關，名字皆有一個「鼎」字。沈燕士笑說：「當初的想法很單純，只是依序『三泰』、『五鼎』、『七巧』的概念而來。李國鼎先生是岳父同學，創業之初拜訪過他，而他也高興公司名字有一個『鼎』字。」公司名如人名，各有故事演義，沈燕士很開心大家願意討論及分享五鼎生技的命名由來，平添幾分樂趣。

不只服務糖尿病友
提供老年人更多元的醫療照護

沈燕士是學者出身，沒有資金和本錢可與大公司力拚，只有憑藉研發的專業技術，所以當時五鼎創業選擇聚焦在糖尿病的醫材領域，靠著準確又方便使用的居家檢測血糖儀器，才能在生技業嶄露頭角，掌握商機。

臺灣約有200多萬名糖尿病病友，而每年平均增加2萬5千多名病友，一

2015年中國中央電視台製作「臺灣經濟人物面對面系列」節目，特別將經營五鼎生技有成的沈燕士列入受訪人物。（圖／沈燕士提供）

旦引發糖尿病，很難根治，只能倚賴藥物治療、飲食調整、運動及定期檢測控制血糖，其中定期檢測相當重要，血糖儀即是重要的檢測工具。

　　過去糖尿病友為了要更正確的診斷，有時需要住院觀察，但沈燕士希望能為病友做出更簡便的醫療服務，只要病友在家中，使用居家型的檢測血糖機器，即可將數據傳送到醫院，讓醫療資源更有效運用。

　　除此，五鼎生技也將產品線擴大到血糖以外的檢測領域。沈燕士表示，公司已積極投入包括乳酸、尿酸、膽固醇，及肝、腎功能檢測等全方位的機種，透過雲端健康監測，為更多老年長者提供更好的醫療照護服務。

一個嗜好體驗了
文學的黃金年代

　　沈燕士除了曾是教育學者，現在是五鼎生技的經營者，業餘的嗜好還讓他多了一個出版家的身分，他同時也是洪範出版社的原始股東之一。

　　1970至1980年代是臺灣文學出版的黃金年代，那時暱稱五家

在眾多文學作品中，沈燕士喜歡讀歷史作品，特別推薦的是史記和論語，即使工作繁忙，只要有空，仍不時會從這兩本古書中尋找人生與經營的智慧。

純文學出版社為「五小」，洪範書店是其中之一，在那時有四個對文學充滿熱情的年輕人創立了這家出版社，分別是詩人楊牧、瘂弦、楊牧的中學同學葉步榮，以及學科學的沈燕士。洪範書店第一本書是余光中的《天狼星》。就連諾貝爾文學獎得主莫言的大作《紅高粱》的手寫稿，也是給了洪範書店。

　　沈燕士雖然學的是生化，但對詩文歷史相當感興趣，早年在美國麻州大學攻讀博士學位時，遇到剛拿到柏克萊加州大學比較文學博士的楊牧，兩人自此結為好友，後來學成歸國，在清華大

學生化所教書時，也結識了瘂弦。

當時他們創辦洪範書店時，都有教授職，在那個教授不能兼職的年代，只好請在外商公司工作，沈燕士的妻子掛名作為發行人。聊起過往，沈燕士苦笑，「我們的書曾有不少銷售得很好，只是近幾年書市不好，純文學的出版社更不好經營。」

養生原則
尊重自己身體的聲音

身為五鼎生技董事長，沈燕士工作繁忙，但氣色很好、精神奕奕，說起話來輕鬆風趣。問及保養之道，他的第一句話卻是：「我是一個睡到自然醒的人。」原來他是一個很尊重身體聲音的智者，不過度push早睡，不強求push早起，而是順應著身體習慣。

即使是別人認為早餐要吃得好，沈燕士也根據身體反應調整了做法，會吃早餐，但吃得不多，也沒有刻意一定要吃什麼，「很多人不贊成我的吃法，但我是山東人，非常愛吃蔥、薑、蒜。」每天三餐中，他希望有一頓能夠吃到麵食類，不限饅頭、包子、麵條、餃子，尤其吃水餃時，一定要配著生大蒜。

論及蔥、薑、蒜，沈燕士憶起一家人愛吃與不吃的趣事。他的母親是江南人，很怕蔥、薑、蒜的嗆味，不入口，父親跟沈燕士一樣愛吃大蒜，常會暗地裡偷吃，結果常被拒絕在臥房之外。「媽媽後來吃蔥、吃薑了，還是不碰大蒜。」沈燕士回憶起這段往事，哈哈笑出了聲。以前吃辛香料是家族飲食文化，現在還多了個健康養生的理由，更能理直氣壯地吃蔥、薑、蒜了。

隨著年齡增長
選擇適合自己的運動

沈燕士年輕時是運動健

沈燕士創辦的五鼎生技曾自2006年起，連續三年奪下《富比士》雜誌評比亞洲年度收益10億美元以下，最佳200企業的殊榮。辦公室裡擺有不少獎項的肯定，但他特別珍視一張手繪卡片，有著學生對他的祝福，原來他企業有成，每年固定回饋清大學子獎助學金，鼓勵年輕學子向學，不少孩子感念他的栽培。

將，愛嘗試各種運動，還拿過運動獎章，前往美國康乃爾大學就讀時，還練習打高爾夫球，並持續到回清華大學教書階段。不過，現在74歲，因為膝蓋、髖關節骨頭的骨密度不如從前，有時會痠痛，所以最常做的運動，改為隨意慢走。

沈燕士表示，運動要隨著自己的年齡和身體機能改變做調整，選擇適合自己的，像現在已不是年輕小伙子，就不會去做激烈傷害自己的運動。

如能設立養心齋堂
定會取名「蠡良齋」

愛思考、分析的沈燕士最愛的是閱讀，各類書籍都愛涉獵，還曾仔細研讀《本草綱目》。起因是他曾看過一篇文章，蘇俄列出世界最偉大的十名科學家，《本草綱目》作者李時珍名列榜上，引起了沈燕士的興趣，特別花了時間翻閱。

沈燕士是從學界轉商界的成功典範，還是一名出版人，三種不同的身分鋪陳著他的人生軌跡，問及如果還可以選擇的話，最希望從事哪一種工作？他說，出版是他的嗜好，不是生意，單就教授及董事長的身分，他還是願意回學校教書，並揶揄地說：

沈燕士雖已年過70，但精神奕奕，除了管理，也帶領公司研發產品，不時接受媒體採訪，介紹
公司營運及新產品規劃。工作之餘，會撥時間和家人出遊，最喜歡與可愛的孫女玩樂在一起。
（圖1／許文星攝影，圖2、3／沈燕士提供）

「人之患，在好為人師。」然而，務實的他很清楚，一切已不能回頭，如今，他就是要在生技醫材領域再拚鬥一場，持續創造佳績。

年輕時，沈燕士最佩服的人是范蠡與張良，佩服之處是事情做完後，漂亮而走，「多麼瀟灑，多麼有骨氣，還想說有朝一日若能設立養心齋堂，一定會取名『蠡良齋』，追隨士大夫的風範。」

創業之前，沈燕士是「士」民，創業之後，他是「商人」，特別刻了「四民之末」作為警惕，後來他看到一篇文章對「士」的解釋，很能領會，邊說還邊笑了起來。《說文解字》的士是「事」，演義是「從一開始到十結束，善於做事情」，而孔子解釋「士」則是「推十合一」，「『十』是所有的學問，最後會回歸到『我究竟要做什麼？什麼是屬於我自己最擅長的事？』的一。」

其實，沈燕士的名字早已透露他擁有士大夫的性格，即便轉彎到商場，依舊聞得到濃濃氣息，也造就了他與眾不同的經營之道。

（採訪整理／梁雲芳、楊育浩）

老有所用
懂得捨才有得

許多老年人不時會感歎自己不如過往，甚至也未做好老年的人生規劃，沈燕士覺得，不管所處哪一個年齡，都應知道自己的優點，而非盲目的跟隨。

年長者要「老有所用」，關鍵就要了解自己身處的位置，不需計較相爭，與年輕人相處，要為他們創造機會，而非製造壓力給下一世代。

這也是做人做事要懂得「能捨有得」的道理，但這並不是件容易的事，人往往都會沈浸在過往的榮耀，或是不捨已獲得的權位，像范蠡與張良能以完美的身影退出曲折複雜的官場，需要有很高的智慧。

陶傳正
愈活愈年輕
別讓自己閒著！

1946年生，舊金山大學公共行政碩士畢業。父親為國豐實業創辦人陶子厚，進家族事業後，28歲那年自創奇哥股份有限公司。

人稱「陶爸」的陶傳正是成功的企業家，也是知名的演員。他能演、能唱，彈了一手好吉他，除了演舞臺劇，也參與電視劇，許多當紅偶像劇都有他的身影。1999年和2009年兩次入圍金鐘獎最佳男主角，演技備受肯定，2010年榮獲中國文藝協會頒發的「影劇表演獎」殊榮。

對於生活很有品味的他，在2005年發行《陶冶》季刊，將旅行留下的精彩圖文集結成冊，一季印刷3萬冊，一方面作為記錄收藏，一方面則是寄送給VIP與往來客戶，分享旅行時的所見所聞。不過在人前總是笑開懷的陶傳正，其實曾背負龐大的公司債務，人生還遭遇了兩次憂鬱風暴。

不了解陶傳正的人，可能以為他是含著金湯匙出生的富二代，畢業後就接手家族事業，不必經歷謀職的考驗及挫折，是人生勝利組。事實上，他大學畢業一進父親經營的企業就發現公司出現財務困難且大量員工出走，沒多久就面臨公司即將關門的窘境。

陶爸回憶當年父親投資多家公司，每當資金出現缺口，就借高利貸來填補，經年累月竟欠下鉅額款項。屋漏偏逢連夜雨，沒想到除了負債外，公司的主管還帶了30多名員工離職，連訂單也跟著跑了。眼看公司岌岌可危，完全沒有經營公司概念的他，只好跳下來幫忙。

我退休後積極準備大幹一場的事就是「旅行」，而且回來後，一定會再上臉書與大家分享，不怕沒人按讚。我常鼓勵朋友開個臉書來玩，別拿年紀大了、不會用電腦當不嘗試的理由，其實活到老、學到老只是一念之間的事。最重要的是只要肯學，阿茲海默症不會那麼早來，起碼你會比別人早知道它什麼時候會來！

公司的老員工們一開始並不看好這位空降的少東，大家默默觀察了一陣子後，發現他有誠意解決問題，才主動教他貿易及紡織的工作細節，他也加緊腳步，邊做邊學。

積極開拓新客源
坦然面對公司債務

「客戶不會從天上掉下來，要自己開拓才行！」由於公司是紡織業，為了開發新客戶，陶傳正常帶著兩大箱樣品，飛往世界各地找訂單。當時歐洲及美國對臺灣紡織品每年銷售額皆有限量，要開拓新客源就必須往沒有配額的國家去。

翻開地圖一看，非洲肯定不可能，中東地區語言不通，只有中南美洲好像還有機會。陶傳正心想自己曾學過半年的西班牙文，雖然溝通上還是有問題，但至少西班牙文的發音唸得出來。於是，他先到中南美洲開發業務，再至歐洲參展，以爭取更多的銷售配額，每次出門至少二、三個月才回得來。

不過，再怎麼努力似乎仍挽救不了千瘡百孔的財務狀況，公司的赤字如同雪球般越滾越大，甚至欠下15億的天文數字。39歲時，意識到自己再也扛不住這些負債，陶傳正決定讓公司退票。

陶傳正坦言，退票是自己人生最大的逆境，但他沒有因此躲起來，反而召開債權人會議，親自與一千多名債權人溝通，勇於面對債務問題。最後的決定是分七年償還債務，陶傳正感謝債權人願意給公司繼續經營下去的機會，最後甚至還延長了二年還款期限。

創業資金不夠
父親的一句話令他難忘

不斷的開疆闢土，在某次赴巴拿馬出差的機會中，陶傳正在國外看到兒童用品市場的潛力，於是決定自創奇哥公司。當時陶老先生主要經營食品原料、紡織品的進出口，但對初為人父的陶傳正而言，寶寶所接觸到的日用品，似乎比麵粉、布料更貼近生活。

他曾撰文提起這段創業往事，當年，陶傳正心中雖有創業念頭，覺得嬰童用品應該可以試試，卻苦於沒有資金創業。左思右想，只有回家向父親開口一條路。抱著一份可行性分析報告兼投資資金需求表後，便鼓起勇氣向父親「提案」。原以為父親會斷然拒絕，沒想到他居然耐心聽完，還點了頭。

幸福樂齡
高年級的人生課

身為全臺唯一的董事長演員，陶爸接戲向來很「隨興」，也不過問酬勞。曾有人勸他乾脆找個經紀人吧！但他想都沒想的拒絕：「我找經紀？我看最後不是我累死，就是他餓死吧！」熱愛演戲的他，只要和劇組或導演談得開心，價碼統統「隨便啦！」（圖／陶傳正提供）

高興不已的陶傳正忍不住問父親：「爸，您為什麼覺得嬰童用品這門生意可以做？」語畢，只見父親慢慢的站了起來，轉身把雙手背在後頭、走進臥房，先是嘆了口氣，然後輕聲說了句：「因為現在的年輕人，沒人在乎父母，都只想到他們的孩子！」

得到父親首肯，陶傳正隨即著手籌備新公司，卻發現理想和現實的距離竟如此遙遠，除了臺灣、巴拿馬、中南美洲四處往來外，與外國品牌洽談代理，也常因臺灣的國際地位而遇到相應不理的窘境。好不容易，經過三年努力，1974年奇哥在中山北路第一家店終於正式開幕。

儘管少子化對嬰幼兒市場帶來衝擊，但是相對的，消費者在挑選寶寶的商品上，比過去更重視品質安全，而這正好符合陶傳正的經營理念──「形象第一，業績第二」。如今，奇哥擁有46間直營門市、百貨櫃點、以及多間特約經銷據點，這是四十多年來顧客對奇哥的信任累積。而且，最讓陶傳正驕傲的是，雖然奇哥鮮少在電視廣告上曝光，但新婚夫妻在準備當爸爸、媽媽時，很多人會想到「寶寶的第一個朋友──奇哥」這句耳熟能詳的廣告詞。

　　雖然父親當年的那句話，聽起來有點殘忍，但也因為這句話，才讓奇哥有機會誕生。對陶傳正來說，父親正是創業路上第一個師父。

意外踏入戲劇界
體會更多人生角色

　　李國修的父親對他說：「人，一輩子能做好一件事就功德圓滿！」陶傳正形容自己對於46歲之前的人生也有這種想法，那時他想把「還清債務」當成這輩子唯一的志向，從沒想過有一天會意外踏進演藝圈。

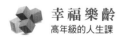

在還債人生進入尾聲時，剛好妻子參加的婦女會要舉辦年會，當時表演活動是話劇，請來了戲劇界的「天團」——表演工作坊來指導。陶傳正小時候就跟著父親看京劇、話劇，對戲劇的啟蒙很早，尤其看過表演工作坊的《暗戀桃花源》，當時驚為天人。

當婦女會決定演出表坊的《圓環》這齣戲時，他覺得劇中「山東老兵」這角色非自己莫屬。「我祖籍是山東，又會彈吉他，是最適合的人選了！」因為劇情需求，陶傳正在舞臺上滿口粗話，把角色發揮得淋漓盡致，也獲得臺下觀眾的滿堂彩，沒想到更因此得到賴聲川及李立群的青睞。從此，陶傳正便一頭栽進了戲劇圈裡。

陶傳正不僅是樂迷，更是玩音樂的高手，1970年代美國鄉村音樂是他的最愛。在他家三樓的起居室裡，有將近二十把吉他與一套鼓，是他年輕時組團玩音樂的最佳見證。即便退休了，他也經常在家自彈自唱，重溫搖滾夢。（圖／陶傳正提供）

能歌善演的陶傳正不但跟著劇團到處巡演，在許多電視劇裡也常看見他的身影，每一次演出都把角色詮釋得精湛到位。陶爸身上的「戲胞」，除了來自對人生的態度，更多的是從小環境的歷練。

慈祥的嚴父
一張錢，看清一個人

　　陶傳正的父親是典型的北方人性格，脾氣非常不好，公司同事對他印象最深刻的是曾拿著報夾一路追打一名員工。不過這樣的嚴父，在兒子的記憶中也有溫馨感人的一面。

　　陶傳正記得考完初中的暑假，清晨五點時從「號外」得知自己考上了第一志願建國中學，父子倆抱著一起興奮得又叫又跳！也記得第一年考大學得知自己落榜，電話那頭的父親一句責備的話都沒有，反而安慰他：「快回來吧！別去跳河啊……」只是，隨著公司負債越來越多，父子倆之間的相處也越來越緊張，每次見面一定吵架。

　　回憶往事，陶傳正坦言，還債的那幾年，是自己人生最苦的一段時間，因為總是不斷地在解決問題，而這些磨練都成為他演戲時的養分。

　　出身商人家庭，陶傳正從小看盡人生百態，尤其還債的那段時間，更是讓他看到了「人性」──父親的同鄉、股東、最好的朋友，看似比較老實、或是有人情在，票子不見得容易收回來，反而是看起來像流氓的，竟然還可以談。令他印象最深刻的（債

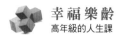

《我的媽媽是Eny》是陶爸2017年投入最多心力的一部戲。他在劇中詮釋一位失智症的爺爺，和好友譚艾珍再次攜手飾演鬥嘴夫妻檔，展現好交情，樂觀、活潑的兩人也是劇組的開心果。（圖／陶傳正提供）

權人）是一個80幾歲的老兵。

當時這位老兵要人傳話給他：「這幾十萬不急沒關係，你要顧著我一天給我三個饅頭，水我自己有，其他無所謂。」讓當時天天為債務問題四處奔走的陶傳正一聽完馬上落淚。隔天立刻加倍努力、湊八十幾萬還給這位老兵。

夫妻攜手
走出憂鬱風暴

就算經歷各種磨難，陶傳正也總是能豁達自在，找回對生活的熱情，就像他常自嘲「沒歌可唱就演戲，沒戲可演就在家寫遊

記」。但對從小生活環境非常單純的太太而言，公司出現經營危機的那幾年，除了要面對夫家一落千丈的事業及債務，家中更是經常上演陶傳正與父親衝突的戲碼，夾在中間的她，身上積壓了莫大的壓力。大約十二年前，太太壓抑的情緒突然大爆發，陶傳正發現她不太對勁，於是陪著一起去看身心科醫師。

看完診後，太太轉述醫師的話：「發病都是因為你！」沒想到太太把原因歸究於他，這真的讓陶傳正深受打擊。心情跌落谷底的他，一個人在臺北街頭走了三個小時，終於悟出一個道理：「太太生病了，沒有辦法改變，所以就讓我改變吧！」陶傳正了解一般人眼中微不足道的事，都可能成為憂鬱症患者發作的原因，因此交代家人及同事們，只能跟太太提到開心的事，比較負面的部分不准在她面前說。自己也開始學習傾聽她的心聲，但不隨便亂下評論。

隨著眾人的努力，太太的情況逐漸好轉，沒想到陶傳正自己卻開始出現憂鬱的症狀。也許是委屈及不解，一點一滴在心中累積，漸漸地，他變得不愛出門，也不想跟任何人接觸，經常整天關在家中的書房，情況延續了一年左右。後來，自己想通了，加上藥物的幫助，陶傳正夫妻不但走出憂鬱的關口，感情也變得更好了！

 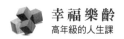

退休後的陶爸重拾行囊,當起背包客自助旅行。喜歡冒險的他不喜歡參加旅行團,也不會訂旅館,常常都是走到哪裡,才決定第二天要去哪裡!(圖/陶傳正提供)

老了
該留財產給子女嗎?

　　如果要說2017年陶傳正演出場次最多的舞臺劇,絕對是《我的媽媽是Eny》這一齣了!由郎祖筠執導,劇情描述一個三代同堂的小家庭,在爺爺失智症病發後,請了一名印尼籍看護到家中,之後發生了一連串感人、有趣的融合過程。故事背後探討的是這群離開家鄉、在臺灣辛苦打拚的「新住民」議題。

　　陶爸以此提醒跟他一樣升格為銀髮族的人,一定要對自己好一些,而且「你的錢,千萬不要在活著的時候通通給了孩子,不然你就慘了!」畢竟在生命結束之前,還有一段日子要過,像《我的媽媽是Eny》裡的爺爺請外傭照顧,就需要一筆錢。

陶爸強調，兒孫自有兒孫福，父母給子女最好的財產就是教育，因為這能夠讓他們有謀生的本領。所以，不管年紀多大，到生命結束前都該好好珍惜、好好過日子，尤其經濟自主是非常重要的，有了錢才能隨心所欲做自己想做的事，才能好好享受老年生活中的清福！

別讓自己閒著
來一趟深度旅遊吧！

　　曾經和憂鬱交手的陶傳正發現，擺脫憂鬱的方法之一就是「別讓自己閒著」，尤其出去旅行，多接觸新的人、事、物，是讓自己永遠不疲憊的祕訣。因為工作關係，陶傳正從28歲那年就開始陸續造訪中南美洲、歐洲等地，開始了一段又一段的商務旅行。儘管後來事業穩定發展，陶傳正依舊維持著一顆熱愛冒險的心，至今已經走訪超過五十個國家。

　　陶傳正在個人Facebook粉絲團上的自我介紹是這麼寫的：「吃喝玩樂樣樣精通，讀書工作腦筋空空，奇哥公事請去找我員工。」頗有他坦蕩瀟灑的風格，就像他曾在接受媒體訪問時說過：「我都到了倒數計時的年齡了！哪管得了那麼多事，及時行

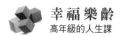

陶傳正和妻子應小萍先後罹患憂鬱症，陪伴彼此走過情緒低谷。如今兩人經常一起出國旅行，而且不論護照、機票、衣物，打包行李的工作全由陶傳正一手包辦。（圖／陶傳正提供）

樂最重要。」

　　陶傳正熱愛演戲、音樂眾所皆知，有去過他家的人肯定不會忘記櫃子上那將近五千片的CD，不過除了這些，陶傳正和太太周遊列國帶回來的戰力品同樣引人注目。有寫著Cowboy的車牌、布拉格的卓別林木偶、還有他造訪披頭四的故鄉「利物浦」的紀念品，每樣收藏背後都是有趣的故事。

　　有別於以往以戲劇為主，現在陶傳正將「旅行」放在人生行程中的第一位。而且比起參加旅行團、入住渡假村這種放鬆行程，他更喜歡深度旅遊，與當地人接觸，了解各地風土民情，體驗不同文化。過程中，他總會拿著相機隨手拍，留下大量的影像留念，有美食、有風景、有人物，也喜歡用文字紀錄旅途時的點滴和感動，而不是平淡的介紹旅遊景點而已。

　　奇哥公司發行的《陶冶》季刊邁入第49期，書中的文字與影像都是陶傳正親自操刀，並出版《董事長嬉遊記》，集結十年來、近五百篇冒險遊記。他也鼓勵年輕人多出國走走，用最省錢的方式去玩，看國外的世界，就算只是到澳洲、紐西蘭打工留學，當個農場工人也是不錯的體驗，「因為這些年輕人並不是只去摘水果，而是藉由摘水果認識來自世界各地的人。」

（採訪整理／吳佩琪、張郁梵）

 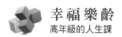

多與年紀小的人接觸
找回年輕的心

很多人都打算退休了或存到多少錢才去旅行，但陶爸認為，這種心態是不對的。旅行的方式百百種，可長可短，可以奢侈，也可以「窮玩」，就算只有半天出去走走，也總比賴在家中不動來得好！

此外，多跟年紀小的人接觸，也能找回年輕的心。只要有機會碰到年輕人，他一定開心的跟他們玩在一塊。陶爸笑說，自己最怕跟一群比自己老的人在一起，因為大家的話題不是誰先走了，就是誰又病了。其實，只要吃藥能控制的病，都不能算是病，別再用有糖尿病、高血壓當藉口，多活動才能更健康。

張金堅

老年生活
從減法開始

1946年生，苗栗後龍農家子弟，臺大醫學系畢業，臺大臨床醫學研究所第一位外科醫學博士。50歲時當選臺大外科部主任，是有史以來最年輕的主任。亦曾任桃園醫院院長、臺中澄清醫院院長，現為臺安醫院總顧問、乳癌防治基金會董事長。

今年71歲的張金堅，治療過的乳癌病患超過上萬名，是「國寶級」的乳癌權威。他是臺灣醫界罕見「全方位」的癌友照顧者，致力於教學、研究、臨床服務工作。2011年獲頒「台灣癌症醫療終身成就獎」，並在2015年和2016年先後獲得「台灣醫療典範獎」和「癌症醫學終身成就獎」殊榮。

近年他更成為咖啡達人，從醫學的角度教民眾喝咖啡，問他什麼時候要退休？他露出招牌的耿直笑容，堅定地說：「要看病人看到倒下來為止。」

約定的採訪時間已到，安靜的會議室外傳來一陣急促的腳步聲，沒多久只見張金堅提著一個塑膠袋，匆忙走進來，見到我們先是微笑地打招呼，接著一臉抱歉地說：「不好意思！早上剛開完一台刀，來不及吃早餐，可以讓我休息一下、先吃嗎？」語畢，便看他拿出塑膠袋裡的三明治和豆漿。沒有奢華的早餐，也沒有教授的威嚴架式，這就是張金堅，一位和善又不失溫暖的長輩。

　　在外科領域默默耕耘至今四十多年，張金堅靠的不只是專業能力，還有柔軟的身段。在同仁眼中，他是個沒有架子、親切、幽默且溫暖的長輩，不僅可以叫出外科部每個人的名字，還會適

很多親友都覺得我愈來愈年輕，但我認為關鍵是「心情」。在出版《癮咖啡研究室》後，很多人問我：「年紀大了，喝咖啡到底好不好？」其實，適量喝咖啡對銀髮族的好處多到數不清，可以保護腦神經、延緩老化，預防失智症。最重要的是，不要拿年齡去限制你的人生，只要懂得用減法過生活，就能讓你愈活愈快樂，就像我常說「少就是多，大不一定好」（Less is more, bigger is not the better.），這也是我期許自己的人生座右銘。

時地為大家加油打氣。在擔任外科部主任時，還傳承歷屆主任的優良傳統，建立許多照顧住院醫師的制度，比如導師制度、賞罰分明的績效制度、週六慢跑、每學期舉辦自強活動等，努力凝聚部門向心力。

張金堅回憶，當時卡拉OK正流行，身為主任難免要帶頭高歌一曲，唱歌總是五音不全的他為此還特別練了一首招牌歌──「愛拚才會贏」，經常叫同仁一起唱，帶動氣氛。不知不覺每次外科聚會，大家都習慣唱這首歌，久而久之，「愛拚才會贏」便成了外科部的「部歌」！

或許，這首歌正反映了他的性格，肯勤奮努力，就像歌詞所唱的「三分天註定，七分靠打拚，愛拚才會贏」。到老，張金堅一樣如此。

「人和」是這一生
最大的資產

待人親切誠懇，經常笑容滿面的張金堅從小人緣就很好，大學參加臺中一中校友會時，更被舉薦為校友會會長，負責籌措活動經費。對募款很有一套的他也不吝於分享祕訣，「我們會找臺

中一中的校友募款，該找誰都經過謹慎、充分的評估與規劃。我會看資料，第一位先找名望較高、錢會捐得比較多的校友。因為第一個捐得多，後面的人就會跟著捐較多，所以我第一個就找當時彰化銀行的董事長張聘三。」

活潑外向的張金堅也很會找樂子，「那時候軟式網球很流行，我很喜歡打，有時候還會翹課去打，所以成績不怎麼好。」上課時總是縮在角落的他，雖然不是老師眼裡的「好學生」，但很會和同學打成一片，「我那時都會和班上成績很好的同學做好朋友，等到要考試時，就拜託他們借筆記給我抄一下。」

儘管課業表現不是特別突出，但張金堅還是被推舉成為大三下學期的班代表。他謙稱：「大概是被同學聯合惡整了！因為醫學系大三課業較繁重，沒人想做這工作。」當時班代表最大的任務是要負責送舊的話劇演出，要去主持一個話劇團，請同學來演戲，「我那時就想到，可以拜託一些功課好的、熱心的同學。戲份愈重的腳色，就找功課愈好的。」

提到這裡，張金堅不忘開玩笑：「總是找拿第一名的，偶爾考不好，拿個第二名無妨。但成績不好的同學，已經讀書讀得很辛苦了，找他來演，不是在害人家嗎？」所幸，他們的話劇演出大受好評，而且第一名的同學也沒有因此考差。

  幸福樂齡
高年級的人生課

每天早晚，張金堅都會抽出二十分鐘，到頂樓花園修剪花草、澆水、練氣功。天氣好的夜晚，他也會打開音樂，和太太在空中花園欣賞臺北夜景。常保赤子之心，不被年齡設限，是張金堅的養生之道。（圖／張金堅提供）

窮則變，變則通
年少的淬鍊影響一生

　　沒有顯赫的家世背景，張金堅總是勉勵自己把吃苦當吃補，用樂觀的態度面對逆境，再以靈活的頭腦扭轉劣勢，這些都是窮困的童年生活帶給他的淬鍊。

　　張金堅在家排行老五，上面有三個哥哥、一個姊姊，下面還有一個妹妹。一家八口全仰賴父親在鐵路局賺取的薪水過活，偶爾還要幫父母一起賣西瓜，貼補家用。

因為窮，張金堅小時候穿的衣服總是破了又補，補了又破，等到正面破爛到不行了，再反過來繼續穿。鞋子永遠不會買合腳的，「一開始買回來很大雙，我們會在鞋子前面塞報紙，這樣才可以多穿幾年。」下雨時，還會把鞋子抱在懷裡，赤腳走路，就是怕鞋子淋濕。

　　後來，到了要準備初中聯考的年紀，張金堅因為沒錢繳補習費，被老師丟到放牛班。一到補習時間，就得去操場拔草、掃廁所，直到五年級時，在擔任家教的二哥指導下，成績才突飛猛進，被老師選為小老師，不用繳補習費也可以參加補習。

　　雖然年少生活過得很辛苦，但張金堅並不因此自卑或故步自封，反而養成他機靈、敏銳的思維。他笑說，「小時候會耍小聰明，以前老師會體罰學生，在學校被打了，回家也不敢跟爸媽說，否則又會再被打一次。所以，我都會在褲子裡面多包幾層布，這樣老師打起來比較不會痛！」

圓父夢，當醫師
哪裡跌倒就從哪裡站起

　　張金堅青春無憂的中學生活，在發現父親生病的那一刻開始

除了練氣功，張金堅每周都會和太太到台北近郊爬山。他說，年輕時忙於衝刺事業，常忽略家人，現在雖然退而不休，但一定會花時間和家人四處走走。（圖／張金堅提供）

蒙上陰影。因為父親罹患的是開放性肺結核，有傳染性，因此被送到彰化八卦山的療養所強制隔離。等到病情穩定，離開療養院後，父親也不能回家，只能另外租房子給他單獨居住，子女輪流送飯給他吃，陪他聊天。

張金堅記得，父親當時很怨嘆：「你們怎麼把我關在這裡？」並語重心長的對他說：「如果你當醫師，或許就能治好我的病。」只可惜大學聯考時，張金堅考上的卻是臺大電機系。

「我永遠忘不了，那年臺大醫學系最低錄取分數是414分，

而我的總分是413分。」張金堅認為，這一分之差，主要是因為物理考的比較差。於是，他決定重考。通常要重考的人都會休學補習，但張金堅沒有。因為沒有十足的把握能考進臺大醫科，「我想說萬一考不上醫科，直接讀電機系也不錯！」

為了賺取生活費，張金堅拿定主意當家教，但不像一般人選擇教自己強項的科目，腦筋動得快的他反其道而行，「想說物理最差，那就來教物理，可以賺錢，還可以逼自己複習。」他笑說，還好沒有誤人子弟，那個學生成績還不錯。

皇天不負苦心人，隔年，張金堅以第四名的成績考上臺大醫學系，如願成為臺大醫科的新鮮人。可惜的是，在肺結核和糖尿病雙重折磨下，父親在58歲那年不幸辭世。雖然沒能來得及看到兒子成為醫師，但起碼看到他考上醫科，是張金堅最大的安慰。

創立跨科別的醫學會
走出象牙塔為更多人服務

因為父親的肺結核而立志當醫師的張金堅，最初是想成為內科醫師。為此，他曾在大四那年跟著曾文賓教授一起進行高血壓的社區研究，還主動提出要去血液科當免費的實習生，學習如何

2016年，張金堅從副總統當選人陳建仁手中獲頒「癌症醫學終身成就獎」，肯定他多年來為乳癌防治的貢獻。
（圖／張金堅提供）

看血液標本。一直到大七那年，到醫院擔任實習醫師後，才開始對外科醫師乾淨俐落的技巧、刀到病除的手術感興趣。

　　一般外科的領域很廣，在那個年代，「肝癌」和「胃癌」是最熱門的項目，但在恩師陳楷模教授的引領下，張金堅卻沉浸於乳房外科和大腸直腸外科的領域。沒想到當時最冷門的科別，現在卻是最搶手、病人最多的──腸癌是國人發生率最高的癌症，乳癌則連續多年蟬聯婦癌之首。

　　雖然在臺大的教學、研究和臨床服務工作讓人忙得暈頭轉向，但張金堅對衛教工作卻始終充滿熱忱。受到陳楷模教授創立的乳癌病友團體「真善美俱樂部」啟發，張金堅先後成立「財團法人乳癌防治基金會」與「中華民國玫瑰之友（造口）關愛協

會」，並創立「台灣乳房醫學會」、「台灣血管新生學會」以及「台灣大腸直腸醫學會」。

　　之所以想在病友團體之外，積極成立醫學會，正是因為早期，臺灣還沒有乳癌的學術性學會。張金堅強調，通常外科醫學會成員都是外科醫師，內科醫學會成員也都是內科醫師，但乳房醫學會很特殊、是跨科的，包含負責開刀的外科醫師、負責化療的腫瘤內科醫師、還有病理科醫師、整型外科醫師等。

　　從支持病人的角度出發的乳癌防治基金會，和從學術角度成立的乳房醫學會，創立時間只間隔不到一年，就是希望病友不論是在生理、還是心理層面都能獲得妥善照顧。如今，乳癌防治基金會已走過二十個年頭，除了定期舉辦衛教宣導活動外，還組了一個真愛合唱團，邀請病友透過唱歌來釋放壓力。

從白袍醫師到咖啡迷
從醫學角度研究咖啡

　　卸下主任和院長光環後，張金堅的生活依然忙碌，不過在看診、開刀的工作以外，還會花時間經營自己的興趣。受到太太影響，他開始種花、種草，住家樓上美麗的空中花園，正是夫妻倆的

一天喝咖啡最好的時機，是什麼時間？

張金堅建議，早上10點和下午3點是喝咖啡最好的時機，因為此時大腦容易昏沉，喝咖啡不僅不會妨礙睡眠，CP值還很高。但要注意的是，咖啡利尿，應同時補充水分，若是像他有輕微的胃食道逆流，最好飯後再喝，且喝完後不要躺著。

休閒園地。除了拈花惹草，張金堅還迷上喝咖啡，甚至和蔡崇煌醫師合作出版《癮咖啡研究室》，從醫學、健康的角度分析咖啡。

說來有趣，現在的「咖啡達人」張金堅以前並不怎麼愛喝咖啡。原來在他擔任住院醫師時，電腦不普及，病歷都得手寫，每天工作到半夜兩、三點是常有的事。為了提神，同仁開會時常會泡咖啡，但他每次喝了都覺得肚子不舒服，甚至有噁心的感覺。「所以，我以前對咖啡的印象很不好，甚至有點排斥。」

直到七年前，張金堅在高鐵上無意間聞到咖啡香，品嚐後竟發現自己沒有出現不舒服的反應，才開始重新「認識」咖啡，並

深深著迷。好奇心旺盛的他，還發揮科學家精神，研讀近五百篇期刊論文，希望能了解咖啡對身體的影響。

　　過去研究看待咖啡較趨向負面，認為咖啡因有成癮問題，是二級致癌物；但近年愈來愈多研究對咖啡持正面評價。研究人員發現，咖啡豆的部分成分對人體有不少好處，包含抗氧化的綠原酸等。2016年初美國衛生單位更首度將咖啡列入最新版的國人飲食指南，將咖啡視為健康的飲料。

老年人一樣可以喝咖啡
品味生活更有味道

　　張金堅舉英國南安普敦大學公共衛生團隊的研究，一天喝3～4杯咖啡，對人體健康利大於弊，相較於不喝、戒喝咖啡者，早逝和罹患心臟病的風險均較低。

　　無獨有偶，美國史丹佛大學免疫、移植與感染研究所專家也指出，咖啡因在打擊發炎相關物質中扮演積極的角色，尤其是在對抗介白素1-β發炎物質上，有顯著效果，能夠抑制高血壓。

　　此外，咖啡裡的咖啡因、綠原酸和多酚類化合物，具有很好的抗氧化能力，可以對抗自由基，保護腦細胞，進而強化認知能

深入鑽研咖啡學問的張金堅，不只跑遍臺灣產咖啡豆
的故鄉，也走訪越南、寮國等中南半島咖啡的原產
地，並曾遠赴南非，從排斥咖啡搖身成為不折不扣的
「咖啡達人」。（圖／張金堅提供）

力和記憶力。長期適量攝取還能減少大腦的認知功能衰退，預防腦中的毒性物質形成，降低罹患阿茲海默症的機率。

張金堅以醫學的角度說明，不少國內外研究報告均指出，適量飲用咖啡，對肥胖、高血壓、心血管疾病、糖尿病、腦中風的預防有助益，還可以避免痛風和氣喘發作。對肝癌、鼻咽癌、大腸直腸癌和乳癌患者而言，適量飲用能防止病情復發，「不過，對肺癌、膀胱癌和攝護腺癌則未定論。」

不過他也提醒，一天最好不要喝超過3杯咖啡（1杯約250c.c.），而小孩、骨質疏鬆和缺鐵性貧血患者、孕婦和即將做肺功能檢查的民眾，也最好不要喝咖啡。至於咖啡豆的選擇，重烘焙和淺烘焙的咖啡豆哪一個比較好，他認為沒有差，但建議選擇有SGS認證的咖啡豆，以免喝到赭麴毒素。

愛咖啡成癮的張金堅近幾年除了拜訪臺灣種植咖啡豆、沖泡咖啡的專家，還走訪世界各地的咖啡原產地，甚至在臉書成立了「張金堅咖啡研究室」粉絲團，和大家一起分享飲咖啡的樂趣。年過70的他談起自己熱衷的事物，興奮得如同拿到新玩具的小男孩，也許就是這樣一顆年輕的赤子之心，讓他對新事物永遠保持強烈的好奇心和求知欲，永遠有用不完的精力與活力。

（採訪整理／張郁梵、楊育浩）

一清、二淡
三少、四細嚼慢嚥

張金堅認為，隨著年紀漸長，飲食
和運動方式必須跟著調整。在飲食
方面，他力行下列口訣：「一清、
二淡、三少、四細嚼慢嚥。」絕對
不吃來源不明的食物，少吃加工
食品；而且拒絕重口味，盡量用橄
欖油；絕不挑戰吃到飽，而是提醒
自己只吃七分飽；吃飯時會等到食
物都嚼碎了再吞，才能吸收完整營
養。

運動方面，他建議找運動傷害少，
且能持續的運動，像他和太太都會
利用晚上去快走，或是去游泳，以
免膝蓋承受過大壓力。

楊志良

老了
不代表「廢了」！

1946年生，臺大公共衛生研究所碩士、美國密西根大學公共衛生博士，曾是臺大公衛所最年輕的所長，長期投身教育及公衛領域，自認對臺灣最大的貢獻是規劃、推動全民健保，也監督、改革全民健保。

2009～2011年出任衛生署署長，快人快語的作風，嚴辭批判時局，挑戰立法院及監察院權威，被譽為「臺灣最有guts的歐吉桑」。

目前是臺大公共衛生學院健康政策與管理研究所兼任教授及亞洲大學名譽教授，並在2015年成立台灣高齡化政策暨產業發展協會，實現樂齡生活和活躍老化的社會願景。

楊志良在2009～2011年間擔任衛生署署長，每每為醫療公衛政策辯護，快人快語，直言坦率，媒體形容他是「大砲」，而他的行事風格沒有官架子，私下穿著簡單樸實，平時生活也頗為「草根」。他覺得如果沒有擔任公職，最想去種菜，因為種菜當農夫，有更高的成就感和無比的樂趣，而他除了水稻之外，幾乎所有蔬菜都種過。

　　即使卸下公職，他仍關心國事，經常評論時事，現在的臺灣

一個人假如55歲退休，還有30年以上好活，65歲退休，還有20年以上的餘命，既然還要活20、30年，為什麼不活得快快樂樂？快樂是活躍老年之本，「活躍老年生活、延長健康歲月」是減少老年長期照護負擔最根本的方法，一旦健康活躍的時間長一點，因病痛而臥床的歲月就會短一點。每個人都要思考如何讓自己年老時快樂、有尊嚴的過生活。

存在幾個結構上的問題「高齡化、少子化、不婚、家庭式微」，他以「人口學」的公共衛生學者角度，看待這些問題是一環扣著一環的因果關係。「一個國家只要做好兩件事情就會富強，那就是『教育』與『醫療』。不過，我要加上一個前提，那就是必須要『政治安定』。」

因為「公共衛生」是以宏觀的角度來關心國民健康，所以不論在朝當官或下野，他的主張總是以「改善大眾的生活」為目標來針砭時政，砲口從未降溫過。「我的個性是『該說什麼，就說什麼』，勇敢面對事件的真相。」對於被批評，他自嘲自己是「白目」，但堅持「說實話」比「說好聽話」更重要，認為自己不過是點出一般人不肯承認的事實罷了！

天性坦誠直率
棄美高薪返臺服務

楊志良的坦率，從小即見端倪。剛進小學一年級，老師問他叫什麼名字，他當時不知道「楊志良」是誰，也不會寫名字，只知道從小家人鄰居都叫他「阿良」，他就跟老師答：「我叫阿良」。

楊志良在2015年曾參與國民黨總統初選，提出一個「老有所終、壯有所用、幼有所長，鰥寡孤獨廢疾者皆有所養」的美好臺灣。大砲性格的他，不時仍為社會發聲。

小學時，楊志良的成績總是吊車尾，但因為是全班倒數第二名，幸運躲過留級的命運。上了五年級，感受到升學的壓力，考初中時拚命衝上了建中，但考上之後鬥志又漸漸停頓下來，成績始終在末段徘徊。

到了高三時，楊志良突然開竅，以前不懂的課業，此時通通懂了，老師准許他不用補考，順利拿到畢業證書。「考大學時，我只填了七個志願，第一志願就是師範大學衛生教育系。」囿於家境考量，他嚮往師大除可免繳學費，畢業後還可分發當國中、高中老師。「這輩子最高興的事，就是大學放榜那一天。」楊志良說。

大學畢業後，楊志良抽到衛生預官服役。他思考自己的未來，決定重拾書本，利用空閒時間讀書，退役後考上臺大公共衛生研究所，之後申請到獎學金，前往美國密西根大學公共衛生學院攻讀博士。

在美國拿到學位時，周遭同學全都一心留下來，他卻選擇

幸福樂齡
高年級的人生課

直接回國打拚。「留在美國，如我一般學經歷的美國人，至少有一、兩百位，並不稀罕；但臺灣卻極需我們這類的人才回國服務。」雖然當時留在美國，薪水比回臺灣高了10倍之多，但楊志良仍決定返臺為國家盡一己之力。

成立「高齡化政策暨產業發展協會」
希望翻轉社會對老人的看法

回到母校臺大公共衛生系任教期間，楊志良曾擔任臺大公衛

2015年，楊志良成立「台灣高齡化政策暨產業發展協會」，關懷老年人議題，曾舉辦「各縣市政府高齡發展力指標發布記者會」，從高齡長輩最重視的四大面向「社交力」、「教育力」、「就業力」、和「交通力」進行評比，發現連江縣在高齡族群社交場所經營與互動的表現最傑出；新竹市則對於高齡族群教育軟硬體的建設最佳；高雄市榮獲對高齡就業者最友善的城市；而臺北市則是交通最便利，最符合年長者的需求。
（圖／楊志良提供）

系主任及研究所所長，1990年，更被借調到行政院經建會全民健保規劃小組，以召集人身分規劃我國第一代全民健康保險制度。他深受公共衛生之父陳拱北影響，重視底層民眾需求，希望透過制度設計來解決弱勢者的醫療問題。

楊志良長期在教育界服務，之後短暫在衛生署擔任署長，由於勇於評議時事，政治的話題常圍繞著他。不過，從這些工作退下後，他最想為老年人服務，在2015年成立「高齡化政策暨產業發展協會」，把重點放在「未失能」的年長者身上，期望未來能轉變大眾對「年老」的既定印象，呈現嶄新的風貌。

楊志良說，據統計目前約300萬的（65歲以上）老人中，只有16%因失能需要被長期照護，其餘高達84%活動自如；希望這84%的人能夠繼續學習、保持健康，並擁有生活的目標與動力，未來也期望翻轉社會對老人的看法；其實就算年老，還是能享樂、圓夢或再就業，對社會繼續貢獻。

不過，要讓理想落實，在前進到超高齡社會的過程中，我們的社會還有許多層面要調整，這些都需要更多的討論、擬定配套措施。譬如老人不適合居住在無電梯的公寓高樓層，年長者是否可以將高樓層的住所出租給年輕人，再拿租金來承租低樓層的住宅。

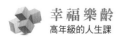

老年人的自理能力，其實不低！

楊志良指出，目前臺灣65歲以上的老人約300萬，推估有近8成可活到70歲；約6成可活到80歲；另外25％可活到90歲高齡。其中65～74歲的人之中，有92％的人生活可完全自理；75～84歲的人中，有80％可完全自理；到了85歲以上，還有高達5成的人可以自理生活，所以，老年人的自理能力並不低。如果能藉著努力來保持自理能力，甚至提升水準，就能減輕未來健保財政和年輕人的負擔，銀髮族也能擁有更自在的老年生活。

楊志良觀察平日上班時間，搭公車的都是老人，以前公車司機常沒耐心等人，現在沒有耐心都不行了！這情況顯示大眾行為與商業模式，會漸漸地往高齡化貼近，也是將來必定會發生的大趨勢。所以，未來食、衣、住、行、育、樂等產業都會調整，老人的問題不只限於老人，是整個社會的問題，我們現在還做得太少，要加速邁進。

超高齡化社會
學習包容不同的世代差異

　　邁入高齡化社會，身處在這個社會裡的每一份子，都無可避免地將面臨截然不同的生活場景，持續學習，善用新的科技產品，能讓生活更便利。楊志良常看到許多老人在高鐵櫃台前排隊買票，同時費力地看班次、時間表，有時排隊的隊伍很長，買票就花了很多時間；相較之下，他使用有自動加值功能的悠遊聯名卡，只要讓感應機感應信用卡，就像用悠遊卡搭捷運一樣，「嗶」一聲就能進站搭乘自由座，懂得使用多功能的信用卡，不論買票、買東西都只要一秒鐘，能充分節省時間。

　　楊志良在亞洲大學開課，2017年曾來了一位83歲的博士班學生，好學不倦的精神令他非常讚嘆，這也是社會結構正在調整的現象。楊志良認為，隨著社會朝向前所未見的「超高齡化」邁進，每個人的生活，每天都一點一滴的發生結構性改變，很多價值觀也將跟以前大相逕庭。未來，你的室友可能90歲，未來，婚姻制度可能瀕臨瓦解或形同虛設。

　　「未來小孩子更少、從10幾歲到100歲可能是同班同學，未來，我們可能沒有孫子可以玩，卻有各種年齡層的朋友，大家都

「老年人就像社會的聖誕老人」，2016年11月台灣高齡化政策暨產業發展協會舉行「聖誕老人培訓學校」結業典禮，楊志良將結業證書頒發給平均年齡70歲、40位經過海選的銀髮族。只要民眾與企業來預約，這些長者將提供聖誕報佳音、變魔術、樂器表演等「聖誕老人到你家」的公益表演，幫助弱勢族群度過溫暖的聖誕節。（圖／楊志良提供）

要學著跟不同年齡的人相處，學習包容、尊重不同的世代差異。突破年齡的限制，自己選擇要做什麼樣的人，可以是買一張車票花半小時的人，也可以是80多歲還能寫論文的學生。」

任何運動都能紓壓養生
不要等健康出問題才運動

問及養生之道，楊志良說年輕時喜歡爬山，以前在臺大任教時住在新北投，每個禮拜都會搭公車去爬陽明山、七星山、大屯山、向天池等，對每條山路都十分熟稔。

不過，擔任衛生署長時，開始變得沒時間爬山，「很多事都在等我作決定，身心所承受的壓力很大，因為每一步都不能出錯，平均一天只能睡5小時。」從那時開始，他改成每天早上到大安森林公園走路紓壓，平均繞大圈走2公里的路，晚上則是沿著信義路一直走到通化街，接著再返家。

後來在亞大任教時，「住處旁邊就是以前的省議會。後面有個小山坡，走上去可以看到霧峰市全景。早上不會曬到太陽，空氣涼爽，旁邊的檸檬桉樹還不時飄來陣陣迷人的檸檬香氣，感覺非常舒適。」楊志良說，那時每天早上都會去小坡上走走。

楊志良鼓勵現代人多運動，不要等健康出問題才意識到運動的重要。「不管什麼運動都好，只要運動就能紓壓。」楊志良鼓勵學生讀書讀累了，就去打籃球，讓腦內啡提振精神。「運動不但有益身體健康，還可替國家省健保費，這才是真正的愛臺灣嘛！」

親人及朋友的關係
需要用心經營

楊志良的母親現已90多歲，他很自豪，母親三度病危時，自己都親身照顧，現在母親身體還不錯，能每天上市場買菜。他回

楊志良從公職退休後，協助不少弱勢團體，其中也籌組台灣病友聯盟，為病友團體爭取於醫療體制中平等參與的權利。（圖／楊志良提供）

每天到大安森林公園走路散步，是楊志良邁入老年生活的重要晨間運動，平均會繞大安森林公園一大圈，約走2350公尺的路。

憶起小時候，家中四兄弟的生活起居全由母親一手包辦，母親可說是相當辛勞。自己與母親的關係，無法說像自己與女兒一樣親近，但相當感念媽媽的養育之恩。現在雖然不與母親住在一起，但每週有三天會去看她，並安排她到「關懷據點」去，那裡有朋友與志工陪伴，也能豐富她的生活圈。

談到朋友相處，楊志良又「吐槽」起好友葉金川，他說：「葉金川少了我，人生的樂趣至少減少10％！」除了葉金川等一票山友之外，他還有酒友可痛快暢飲，各種朋友為生活增色不少。

幸福樂齡
高年級的人生課

楊志良身為公衛學者，在意的不只是大眾身體上的健康，還有心靈的健康，「寂寞使人憔悴」並不只是一句浪漫的歌詞；現代人物質上多半不缺，缺的是心靈的圓滿。在這個忙碌的社會裡，多數人沒有靜下心來思考過自己與親人、朋友間的關係，也常忽略掉「關係是要經營的」、「該怎麼經營」等問題，但這些卻與身心的文明病，像是憂鬱症、精神官能症、亞健康等關係密切相關。

當自己是銀髮族
更要與社會繼續連結

楊志良覺得，壽命延長究竟是不是一件好事，跟一個人看待生命的視野有關，一個認為「人生就是這樣了」的人，即使醫療能延續他的壽命，也只是徒增他被狹隘的眼光所囚禁的刑期罷了。人到了銀髮的年齡，對生命的看法往往比年輕時鉅觀，當生活的歷練多了，更能體會這個世界的運作法則，此時還能夠限制自己的，不外乎身體健康、情感牽絆跟自己個性上無法突破的盲點。

重視家人與朋友的楊志良，對待未婚的女兒，同理年輕人的困境；對待母親，盡量親自照顧；對待同齡朋友，則創立關懷老

人的機構，讓大家有交流的平台。他的生活多元，對上、對下、對同輩都保持一定程度的互動，不因身為知名人物而有所差異。

楊志良提醒銀髮族一定要保持自己與社會的連結，千萬不要讓自己孤絕於社會之外。已71歲的他，平常出門都坐公車（只有上農場種筍時才開車），保持與社會的互動；每年會與同齡朋友一起出國旅遊幾次，在體力可以負荷的情況下，也會挑戰一些刺激性的戶外活動。

現今醫療技術發達，不是年老了就一定會受病痛所苦；相對地，現代人更缺乏的是心靈上的滿足。楊志良說，老人普遍的問題是「沒有朋友」。或許是過去幾十年的生活重心都在工作、家庭的關係，退休之後，生活一下子「空」掉，才發現缺乏人際互動的平台與技巧。

其實，不論多晚都來得及，楊志良認為，「不論現在你是個快樂、不快樂、有錢、沒錢，或者有愛、無愛的人，只要朝著自己喜歡的目標繼續努力，生命還是可以繼續增值，有機會再次發亮。」重新檢討與改善自己和家人、朋友的關係，讓人際互動變好，甚至可以從工作中重新定義自己，都是很好的。

（採訪整理／葉語容、楊育浩）

提升人力素質
避免「兩代下流」

從人力資本的角度，最好的情況是人民「質、量」均優，但臺灣目前面臨少子化，人口數量增加有限，楊志良認為，暫且能做的就是提升「人力素質」。

前幾年一本《下流老人》的翻譯書點出日本的高齡者缺錢、缺資源的未來圖像，最近又有新說法提到「兩代下流」的可能性，也就是高齡者與子女都進入缺錢的狀態。楊志良認為，臺灣未來也會有類似的問題，雖然在醫療方面，臺灣與日本一樣，都有健全的健保制度，但我國的國民年金制度不如日本完善，所以情況可能比日本嚴重。這個問題也值得大家未雨綢繆，不論是透過提早做理財規劃，或避免老年失能等方式，能及早多一些思考與準備，未來就少一些辛苦。

陳益世

正向思考
堅持才有力量

1949年生，交通大學管理科學研究所碩士，曾任宏碁副總經理，現為全球知名記憶體模組廠宇瞻科技董事長。

工程師出身的陳益世有著苦幹實做的精神，1997年成立宇瞻科技。即使隨景氣起伏的記憶體產業過去曾被媒體形容為「慘業」，但他仍把危機當轉機，與員工努力從「慘業」中脫身。經過20年，宇瞻科技已是專業的記憶體模組供應商，目前也積極擴展雲端及物聯網創新應用，朝向科技化資訊服務整合翹楚的目標邁進。

陳益世在工作上不斷提醒自己學習馬拉松跑者的運動家精神，他時時告訴自己及員工要有專注、堅持的決心及毅力，才能持續站穩領先的腳步。

宇瞻科技已成立20年，陳益世回首與伙伴創業經營的來時路，他將公司發展分為兩個10年，第一個10年（1997～2006年）是低頭苦幹，跌撞摸索，尋求穩健經營期；到了第二個10年（2007～2017年）則是抬頭實幹，扭轉契機，創造品牌價值期。

　　「記憶體製造業」在科技業中，與市場景氣連動密切，宇瞻遭逢兩次市場動盪波折，嚴重折損，但陳益世帶著團隊克服景氣的低潮期。近幾年，宇瞻科技以穩健的步伐持續獲利，並交出亮眼的經營成績，成為產業中的資優生。

65歲，到了人生該享受的時刻，身體健康卻意外亮起紅燈，怎麼辦？就當一個逆境的考驗吧！那時我發現腦部長了一顆6.5公分的腦膜瘤，家人比我還擔心，但我想就勇敢面對、接受治療。不論是經營挫折或是健康的考驗，我領悟到的人生真諦是「不要放棄，一定可以『因禍得福』」，所有的人生順逆，都是豐富生命的色彩！

陳益世曾為泛宏碁集團的核心成員，過去跟隨宏碁集團創辦人施振榮全球布局的拓展腳步，成為旗下DRAM模組銷售事業體的大將。後因大環境變化多端，宏碁為專注品牌經營，準備出脫DRAM模組事業體，陳益世與內部幹部檢討後，決定自立自強，為尋求出路撐起一片天，重新定位宇瞻科技，正式獨當一面，自主經營。

迎向經營挑戰
才能苦盡甘來

成立之初的頭三年，拜全球個人電腦（PC）市場需求上揚之賜，宇瞻科技透過上中下游的重新整合，提供完整的DRAM（Dynamic Random Access Memory動態隨機存取記憶體）模組產品與服務，業績翻紅，營收表現亮麗。

未料2000年PC出貨減緩，衝擊記憶體現貨價格，下跌幅度有如溜滑梯，原本64MB的DRAM顆粒現貨價從21美元，一路下滑到隔年的0.8美元，2001年宇瞻科技每股稅後虧損3.2元。

陳益世指出，起初宇瞻科技只有DRAM模組單一產品線，目標市場較集中在消費性產品，考量分散公司經營風險及尋求更多

商機，決定增加NAND Flash（Flash Memory快閃記憶體）產品線。幸運之神讓他尋覓到SST公司，並與宏碁合作，以三贏策略聯盟方式，開拓新商機、新市場。在雙產品線及逐步跨入工業用加值型市場後，終於有驚無險地化解第一次經營危機，Flash產品線也因此順利跨入美洲市場，為宇瞻科技的發展注入活水。

天公疼憨人
危機就是轉機

過去，宇瞻科技70～80%的營收比重來自起伏劇烈的消費品市場，業績數字漂亮，毛利率卻不高，嚴重影響經營體質。2007年再次面臨DRAM大崩盤，這價格波動反應在公司的每股稅後淨利，從2006年賺2元，大幅衰退到2007年虧損2.94元，此時宏碁決定將持有股權完全釋出，讓陳益世面臨公司存亡的重大經營危機。難道要認輸，拱手將江山讓給他人？

面對兵臨城下的危機，壓力倍增，所做的每一個決策都足以影響未來的發展。宏碁老長官施振榮創辦人的座右銘「挑戰困難、突破瓶頸、創造價值」，縈繞陳益世耳邊，督促著他「認輸才會贏」，接下來就是尋求化險為夷的解決之道。

幸福樂齡
高年級的人生課

經營求穩健，不賺機會財

每一個產業都有特性，陳益世以自己經營的「記憶體製造業」為例，過去公司比較依賴賺取機會財，但改變心態後，轉為經營管理財。不再允許過去採購標準型記憶體大進大出的作法，也就減少了庫存「虛胖」的問題，同時掌握對手的銷售狀況，留意自家的銷售情況。除此，組織因應局勢改造調整，提高加值型產品比重，這些做法讓宇瞻科技順利走出市場動盪的困境。

　　陳益世相信天公疼憨人，只要肯用心、正面思考、願意堅持，一定能化危機為轉機。果然在他積極遊說、務實分析下，宇瞻科技股東重組，企業好友、經營團隊及所屬員工願意跟隨他的腳步，投入資金認購宏碁持有股權，共同攜手渡過這次難關，再次擦亮宇瞻科技Apacer這塊數位儲存創新應用的領導品牌。

培養接班人
不留一手

　　2007年開始，宇瞻科技調整經營策略，放棄機會財，不再

單純追求大宗標準品及業績量的成長，而是著重品質的提升，重視企業獲利能力。陳益世解釋：「DRAM價格漲跌起伏大，買進時機對，容易大賺，相對地，若是庫存量太高，跌價風險也會增高。以前庫存量有時高到我都受不了，負債比達到七、八成，很不健康。」

痛定思痛蛻變後的宇瞻科技，有一套嚴格控管庫存的機制，同時降低消費性產品市場的比重，提升附加價值高的加值型產品比例，雖然現在營收降到70～100億，但毛利率卻從「茅三道四（毛利率3～4％）」上升至10～17％，負債比也降低至40％，朝向持續穩定獲利之路邁進。

工作繁忙之餘，每年陳益世仍會定期與妻子及友人組團至各地旅行，透過旅行可以放鬆紓壓，甚至有機會認識朋友的友人，擴展自己的生活圈。（圖／陳益世提供）

幸福樂齡
高年級的人生課

更令陳益世欣慰的是落實專業經理人的交棒制度。放眼望去臺灣的同業很少有專業經理人專責經營的例子，陳益世承襲施振榮「培養接班人不留一手」的氣度，2014年開始將公司經營權交到年輕輩的張家騉總經理手中，以管理制度進行專責分工，不再管理公司事務，而是專注經營理念的傳承、多角化事業的投資與拓展。

發現腦膜瘤
領悟退休要享福，健康更要顧

　　經營權交棒後，陳益世認為自己努力工作、奮鬥了大半輩子，也該到了享受人生的時刻，沒想到這時身體卻亮起紅燈，他發現腦部長了一顆6.5公分的良性腫瘤。

　　發現腦膜瘤的過程非常戲劇性，每年他都會與老友在國外相聚旅遊，2015年7月大家飛到了英國，一位兩年不見的腦神經內科權威醫師看到他走路時很容易喘，憑著專業的敏感度，察覺他不對勁，強烈建議他回臺灣後進行腦部電腦斷層掃描。

　　診斷後發現顱內有一顆良性腫瘤，陳益世對此感到非常意外，因為每年例行健檢，體檢報告從未出現紅字，他愛在周末打

高爾夫球、登山，也從未察覺身體健康出狀況，只是頭痛頻率變高，尤其是接近下班時刻，思慮會不太靈活。

切除腦膜瘤後，他開始研讀相關醫學資料，發現這顆位在腦膜部位的腫瘤至少與自己共處5～10年的時間，但在這麼長的時間卻無聲無息，沒有任何異狀。歷經這次的身體狀況，他更加體悟到健康的重要性，也發現週末運動是不夠的，「持續運動」才是關鍵。

愈上年紀更要懂得動
善用運動App記錄達成率

術後一個月，陳益世就開始跟著國民健康署推廣的「運動333」腳步，展開每週3次、每次30分鐘、每分鐘心跳達到130下的規律運動，積極調理身體健康。他到國小操場快走20圈，做甩手功，達到有效心率範圍，還將運動融入生活之中，用爬樓梯取代坐電梯，還會步行到商店買東西，走路到捷運站搭乘捷運。

從恢復健康後至今，他已達成規律運動115週的記錄，而且持續進行中，他開心秀出運動App顯示的「個人運動成就記錄」，如果一週沒有達成運動333的目標，持續運動記錄就會歸

要規律運動，其實不難，懂得利用科技可為自己的生活加分。陳益世每週規律運動，藉著運動手環及App記錄運動成果，也透過紀錄來叮嚀自己運動時間到了，現在他每週皆有達到運動333的標準。

零，達成者則會進入名人堂給予鼓勵，而他名列其中。

　　陳益世認為運動不是獨樂，更需將運動對身體的好處視為一種傳承責任。他在宇瞻科技推動「9分鐘動ㄘ動ㄘ甩油派對」，邀請員工週週跳出健康，利用每週三接近中午的9分鐘運動時

間，帶領同仁活動筋骨，找回健康與活力，落實幸福企業的目標。第一場派對請到健身天王潘若迪到場示範帶動氣氛，讓同仁感染跳起來運動是多麼快樂的一件事。

不要在乎年紀
一起揪團來比賽運動

在發現腦膜瘤前，陳益世當時投資了目前已轉型為社會企業的虹映科技JoiiUp雲端服務平臺，那時JoiiUp平臺的JoiiSports APP常邀請揪團運動比賽，他一開始感受不夠強烈，參與度很低。後來，他發現當自己揪團或親身加入群組後，就變得不一樣，團員在群組裡互相督促，讓運動變得更有效果。

他指出，現在不少運動穿戴裝置與雲端技術，都能有效的引導運動，無形中幫助使用者養成運動習慣，也很適合長者運用。只要簡單的操作設定，或請購買的通路、家中年輕的孩子幫忙設定，就能學會使用。之後，可以利用這些服務平臺的群組功能，用運動來連絡親友的感情。

他提醒，愈上了年紀更要懂得多運動，透過簡單的科技應用，就能揪團，讓運動變成一件有趣的事。

 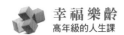

陳益世覺得企業有責任照顧員工，透過活動聯繫各部門的情感，讓員工對公司有家的感覺。他在公司推動宇瞻家庭日、九分鐘健康操等，並曾請來名師潘若迪到公司親授健身。（圖／陳益世提供）

退而不休
「樂」在學習

　　「老非關年紀,而在於心態」。陳益世認為,壽命的長短不能拿來當作成熟與否的標準,尤其人生各種階段想法不盡相同,但隨著年齡增長,面對生活環境的鍛鍊與變化,能夠越發從容樂觀且順應淡定,這是上天給予的祝福,因此,他並不畏懼變老,反而甘之如飴。

　　人生很長,世界很大,陳益世認為學習永無止境,「活到老,學到老」的重點在於「享受、體驗」學習的過程。他期許自己在過程中保持心境簡單,順應自然,沒有過多的慾念,「踏實樂觀,盡己所能地過好每一天」是他持續追求的理想生活。

　　「人生沒有用不到的經歷,與其追求日子如何精彩,不如學習台積電董事長張忠謀先生的『常想一二』。」他也以此鼓勵大家,心懷善意、保持正向思考,在平淡中懂得知足、感恩;並且培養閱讀、持續運動的生活習慣,藉此活化腦內的快樂因子,維持身心靈的正能量。假如都能做到,平凡亦能不平凡。

（採訪整理／梁雲芳、楊育浩、張郁梵）

找知己相伴「一路玩到掛」

對陳益世來說，想要擁有樂齡生活，除了健康的身心，「家庭和諧」與「擁有知己相伴」是讓人生更完整、更快樂的重要關鍵，所以，每年他一定會抽空安排與家人、摯友聚會出遊。

在一次交大同學聚會中，老友提出了「一路玩到掛」的概念，成為陳益世與老友們身體力行的樂活宗旨——對於工作、生活或是娛樂，都要盡情投入，玩出樂趣。他也引用這句話鼓勵大家把握當下，勇敢為自己立下各種夢想與階段性目標，發揮所能，視每次的挫折危機為轉機，不斷挑戰突破；把「職業」當成「志業」，從「志業」進階到「樂業」，活出屬於自己獨一無二的無憾人生！

林靜芸

想更美麗
養生比整型更好！

1950年生，畢業於臺灣大學醫學系（57級），1982年獲頒「十大傑出女青年」，曾任中華民國美容外科醫學會理事長，現為聯合整形外科診所院長。出身臺中公館望族，父親林秋江所成立的秋江外科診所，是目前大臺北地區歷史悠久的外科診所。丈夫林芳郁醫師是臺灣心臟外科權威。

林靜芸是臺灣第一位外科女醫生，投入整形外科，挽救的不只是人的容貌，更是人的尊嚴。在她的診所裡，有兔唇的幼兒、有因燙傷、疤痕想重建的病患、有因傷害，容顏受損的男女……。她很少辯解民眾對美容醫學的誤解，當面對醫療糾紛或病人質疑時，她反省勉勵自己：「這些都是醫師進步的動力。」

身為整型外科醫師，容貌常被人用放大鏡檢視，她坦言自己沒有無瑕的外貌，但透過視力矯正、運動、睡眠、飲食、荷爾蒙調整，林靜芸把自己整頓到最佳狀態，也讓醫療工作充滿教育性。

「會走上美容外科的路，其實是『不得已的意外』！」林靜芸和先生亞東紀念醫院院長林芳郁一樣，父親都是醫生，從小生長在醫生世家，畢業時成績同樣優秀，也同樣選擇了心臟外科做為專攻科別。儘管林靜芸任職臺大醫院外科時，以手術技巧乾淨俐落聞名，卻抵不過懷孕時挺著大肚子，無法接近手術檯的命運，被「擠」往整形外科，負責顱顏、唇顎裂、燒燙傷、車禍意外及各種傷害的復健整形。

　　之後，為了更接近病患，林靜芸決定離開醫院，並開設自己的診所，成為國內第一位女性美容外科醫生。她被稱為「臺灣的美容教母」，曾為數不清的名媛淑女、政商人物打理出炯炯有神

當肌膚敵不過歲月的考驗，變得鬆垮垮時，許多人都會將腦筋動到醫美手術上，希望能透過拉皮或微整形來回春。聚會時碰到親朋好友，大家也都會問我怎麼樣才能永保青春？貴婦保養品真的比較好嗎？但來過我家的人都知道，我很少用保養品，就像我常說的：「只要改變生活習慣，努力養生，就能活出自信與光彩。」

幸福樂齡
高年級的人生課

的門面，帶動「醫學美容」風潮的發軔。

視醫療糾紛與責難
為進步的動力

　　許多人認為美容外科是營利導向，一手拿錢、一手開刀，但林靜芸打從一開始，就不是懷抱這種想法的「商業醫師」。她把興趣放在學習上，不斷努力研究新的技術。

　　「美容醫學這條路，其實一直都走得相當辛苦，而現在的環境又比過去更加艱難。」林靜芸說，好的整形外科醫師，可以告訴所有醫生傷口應該怎麼縫；正如好的神經外科醫師，可以告訴所有醫生神經要怎麼照顧，所以並沒有哪一科「重要」，哪一科「比較不重要」，但現代社會卻誤解了整形的價值，讓原本門檻就頗高的整形外科又難上加難。

　　「我們其實也做了很多兔唇、燙傷、疤痕重建的病患，不全只是美容而已。」面對主流醫學的排擠和民眾的諸多誤解，林靜芸很少辯解，事實上，有些患者經濟上負擔不起，林靜芸也願意免費動手術。而且，為了紀念已逝的父親林秋江醫師，林靜芸的診所每年會有一天免費雷射除先天性胎記的活動。

「做醫生的，如果沒有人來質疑，表示自己的病人不夠多。」不管是醫療糾紛或是病人質疑，林靜芸常自我勉勵：「這些都是醫師進步的動力。」

人生的第一個挫折
卻很有教育性

「皮膚科醫師就該有水嫩的肌膚，整形外科醫師就該有姣好的容貌！」這是不少人的刻板印象，總覺得讓一個長得漂亮、臉蛋完美無瑕的醫師來幫自己妝點容貌，才有保障。相比之下，林靜芸的外貌在世俗眼光裡，顯得平庸許多，甚至還曾遇過來求診的病患犀利直言：「林醫師，我看電視，覺得妳自己都搞不好，有可能是好的整型醫師嗎？」

面對病人質疑，林靜芸看得很坦然，並不因此而自卑，因為母親在她小的時候，就常嫌棄她的長相，「人生的第一個挫折，應該算是我的臉。老實說，身為整形外科醫師，我也覺得自己不漂亮，幾乎整張臉都不對勁，眼睛下垂、雙眼皮太寬、眼尾無神、嘴角一高一低，五官的比例不對、大小不對、神情也不對。」

 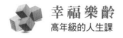

要撫平歲月在臉上留下的痕跡，不能單靠保養品！林靜芸強調，運動、充足的睡眠、愉悅的性生活及適時補充水分，才是維持美麗的不二法門。（圖／林靜芸提供）

　　沒有人生下來就是完美的，也許是習慣了眾人批評的「眼光」，林靜芸反而更懂得欣賞自己的優點，「至少我覺得我的臉看起來很舒服，不盡完美之處都是因為先天不足，例如：我患有乾眼症，所以螢幕上看起來眼睛張不開；而一邊嘴角肌肉較衰弱，以至於感覺一邊高、一邊低。這種先天的障礙有點像小兒麻痺，難以靠醫療百分百改善。」

　　林靜芸分享，曾遇過一位病人想除掉臉上的疤，他說：「客人看到我的臉就不想跟我買東西。」本來還以為他是賣美容產品，結果一問之下才知道他賣的是電子產品，於是林靜芸回他：「那是你自己的問題，你看我眼睛這麼怪，可是，我做得最多的是雙眼皮手術，按照你的理論，我的雙眼皮手術不是半個都推銷不出去？」在行醫過程中，機靈的林靜芸總是如此化阻力為助力。

為了戒掉安眠藥
開始運動竟深深愛上

　　對醫術和外在評價充滿信心的林靜芸坦言，自己年輕時對於情緒及壓力的掌控，不是那麼有自信。30歲那年，她代表國家被派往沙烏地阿拉伯，擔任當地的整形外科醫師。由於精神上承受非常大的壓力，使得她晚上常依賴安眠藥助眠，隨著藥效越來越弱，林靜芸越吃越多，還曾一天吃到6顆安眠藥，並且持續了將近一年的時間。

　　「父親知道這件事後非常生氣，勒令我一定要靠運動改掉吃藥的習慣。」由於林父行醫之餘，一向堅持「不吃飯也要每天運動」，這精神間接鼓舞了林靜芸養成運動的習慣。

　　「起初我什麼運動都不會，所以就每天走約40、50分鐘的路。一段時間下來，我發現不但睡眠品質改善了，連長期以來排便不順、毛孔粗大或是長青春痘的問題也通通解決了。」此外，運動也讓林靜芸的體重從原本的59公斤，一口氣掉到50.4公斤，比大學時期還少了3公斤，而且之後再也不曾復胖過。

　　如今，運動已成為林靜芸生活的一部分，每天至少做一小時以上的運動。「人既然是『動』物，生來就非動不可。不運動的

每天空腹12小時，不易老

人類的健康狀態由掌管「新陳代謝」的基因主宰，此基因受細胞的「生命時鐘」所控制。科學家發現，每個人的細胞生命時鐘快慢不同，而影響關鍵在於進食時間！只要一天中進食時間愈長，細胞的生命時鐘就愈快，容易使身體變胖、健康變差，進而產生新陳代謝疾病。

林靜芸指出，理想的第一餐與前天最後一餐之間，應相距12個小時，也就是每天要空腹12個小時，讓腸胃休息。而且只要將每日三餐的進食時間，控制在12小時內完成，就可以讓生命時鐘變慢！

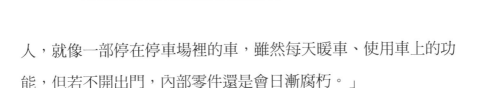

人，就像一部停在停車場裡的車，雖然每天暖車、使用車上的功能，但若不開出門，內部零件還是會日漸腐朽。」

養生比整型好
力行生活的3個S

林靜芸說，一般人追求「完美」形象，常會想到藉助「整

型」手術，認真且熱情的面對生活，出發點無可厚非，也沒有不好，但她個人認為，「養生比整型更好！」

事實上，從30歲到現在68歲，林靜芸每天都很認真的控制體重，每天早上一定會量體重，嚴格要求維持在50.4公斤，如果多了點或少了點，就會調整當日飲食。而且為了讓腸胃休息，她每天都會空腹12個小時、喝2000cc以上的水，但絕不挨餓，一天一定吃三餐，正常飲食，但只吃七分飽。

林靜芸的生活是依照「3個S」——Simple（簡單）、Slow（慢步調）、Sharing（分享與盡力助人）的原則過活。重視睡眠的她，每天一定會睡滿8小時。飲食方面則崇尚「簡約」，秉持「有什麼就吃什麼」的精神，偶爾也會吃炸物、喝杯酒，但絕不浪費，也絕不過量。

「自己努力養生，比單純依靠整型好上數千倍！」林靜芸強調，唯有健康、快樂的身體，整型手術才有功效。如果本身精神狀況很差，臉上的神情總是愁眉不展，很難只靠肉毒桿菌把臉上的皺紋給消除。「整型只有作用在良好的身體上，效果才會持久，如果是作用於自暴自棄的身體上，整型的效果相當有限。」

隨著年齡增加，人體油脂分泌愈來愈少，皮膚需要油脂，把油脂洗掉等於讓皮膚失去保護。雖然有人說，洗掉了再補回來就

林靜芸從小學琴，偶爾也會在家彈唱娛樂，她覺得快樂是可以自己尋找的。老人也許會衰弱，也許會被家人拋棄，但是「快樂」與「優雅」可以是自己的堅持。

好！但林靜芸強調，再好的油脂都沒有自己分泌的好。所以她都會勸年長者，若洗澡後皮膚容易乾癢，冬天全身只要三天洗一次澡就好，平日也只要把手、腳、腋下和重要部位清潔乾淨，就能避免皮膚乾癢，也就不需要一直塗抹乳液了！

保養品愈貴
不見得比較好

從事醫學美容工作多年，林靜芸常被問到如何保養皮膚，她強調不一定要花大錢買昂貴的保養品。根據化妝品講師的數字，

化妝品的價格90%用於行銷，9%用於包裝，只有1%是材料成本。其實，買不起保養品的人只要身體健康，做好清潔、保濕、防曬，肌膚自然就會亮麗。

她也提醒，很多女性為了把臉上的汙垢洗乾淨，都會先用卸妝油卸妝，再用洗面乳洗臉，有些人甚至用溫水洗臉，不時還會用磨砂膏去角質，殊不知過度洗臉反而愈洗愈糟。特別是更年期後的女性，林靜芸不建議過度洗臉，會把油脂洗掉，反而讓皮膚失去保護。

別讓擾人的眼周細紋、火雞脖子
洩漏你的年齡

幾乎所有上了年紀的女性都很在意臉部皺紋！從生理上來看，眼周皮膚是很脆弱的，皮脂腺不足、水分蒸發速度快，厚度又僅是臉頰皮膚的1/5，所以眼睛通常是第一個洩漏年齡，也是皺紋首要長出的部位。

林靜芸認為，想要看起來年輕，最重要的是要矯正視力，不要常瞇著眼睛看東西！因為同時患有近視、老花和散光，林靜芸有「收集」眼鏡的習慣，平常戴多焦的眼鏡，手術時就換戴單焦

的，出席重要場合就改戴比較高雅的無框眼鏡！此外，她每半年一定會重新配一次眼鏡，調整眼鏡度數，避免看不清楚而瞇著眼睛，無形中長出皺紋。

另外，一般人保養，常忽略了脖子，「頸部皮膚薄，平常就要注意保濕及防曬」。她表示，脖子的年齡藏不住，平時要注意姿勢，避免下巴內縮、脖子變短。因為，頸闊肌是淺層的頸部肌肉，當下顎往下、往後縮時，就會用到它，頸闊肌幫人類把頭抬直，但某些緊張姿勢，如：用力抿嘴、瞇眼、咬牙等都會用到頸闊肌，久而久之就形成火雞脖子。

感謝先生是老友老伴
經營人生，朋友是重要一環

「對我而言，跟先生一起搭公車

熬夜會促進壓力荷爾蒙分泌，讓脂肪堆積在小腹上。所以，林靜芸維持25吋腰身、到現在都沒有小腹的祕訣就是「從不熬夜」。愛運動的她也鼓勵丈夫「動起來」，夫妻倆每天早上都會踩划步機，林靜芸至少踩70分鐘；林芳郁則踩約30分鐘。他們也建議家裡沒有划步機的人，可原地踏步45分鐘，直到出汗為止。

去爬山，爬完山後換上乾爽的運動服，一邊喝著清涼的啤酒，一邊等待回程的公車，就是生命中最快樂的時光。」為了鍛鍊肺活量、讓體力更好，林靜芸和丈夫每到假日就會一起坐公車去爬山。而且，倘若那段路程約4小時才能完成，他們就會要求自己得在80分鐘內完成。

從大學班對到結褵四十年，林靜芸盛讚先生真的是位非常優秀的伴侶，也因為有先生的一路陪伴，才能讓她安然度過許多艱困與低潮。

除了美滿的婚姻生活以外，林靜芸覺得經營人生，朋友也是重要的一環。「每個人都需要朋友，老友與老康、老伴、老本、老居、老趣並列，老友字面上是交往很久的朋友，但現在的人長壽，如果只有過去的朋友，老了可能經常接訃聞，也可能認識的人全走了。因此老人除了老友，還要交新朋友，尤其年輕的朋友！」

學習父親熱愛生命
認真生活，努力養身

林靜芸說，小時候父親規定她一定要背海倫凱勒的傳記，又

醫師的離婚率較常人高出三倍，但林靜芸和
林芳郁卻相知相守了四十個年頭！經常被同
行譽為「醫界佳偶」的兩人，經常一起出國
旅遊、出席公開場合。問他們維繫婚姻的祕
訣是什麼？林靜芸笑說：「每天睡前一定會
聊半小時。」而且幾乎所有零零瑣瑣的小事
都是他們聊天的題材。（圖／林靜芸提供）

要求她看史懷哲等諸多名人的傳記，但等長大後回顧一切，林靜芸才發現自己最崇拜、最景仰的人其實就是父親。「我的父親一直非常認真地扮演著自己的角色，也一直熱衷學習，一輩子沒間斷過。」

　　林靜芸的父親林秋江醫師，50歲開始學法文，並每天用法文寫日記，此外，他也精通德文、日文。而說到音樂，不管播放任何一首曲子，林秋江醫師都可以說出關於那首曲子的作曲者或其他故事。「最重要的是，父親非常熱愛生命。雖然他可能早就感覺到自己已罹患癌症，但一直到他倒下來之前，仍然堅守工作，並且持續不斷地運動、畫畫。」

　　當時父親常對林靜芸說：「再不畫，我會來不及！」堅持每天一定要畫一張畫。林靜芸說，現在她就是依循父親當年的方式在過日子，認真的生活、努力的養身，絕不奢侈的揮霍生命。

　　「我打算在活著的時候，盡情地使用自己的身體，也願意花很多功夫努力的保養它，這樣，等我離開的時候才不會留下遺憾！」

（採訪整理／張慧心、楊育浩、張郁梵）

幸福樂齡
高年級的人生課

一起做個
美麗的老人吧！

「誰說一定要退休？當這些人有工作
能力，也有這方面的需要時，雇主為
何要用年紀限制員工年齡？」林靜芸
強調，以現在的醫學技術，活到70歲
還很健康、硬朗的長者大有人在，所
以這幾年她一直四處奔走，爭取老人
的工作權。

許多人上了年紀後，都會變得沒自
信，覺得自己老了沒有年輕時好看！
因此，林靜芸也會前往許多老人機構
演講，教大家如何讓自己愈老愈漂
亮。「不一定要去整型，我常跟阿嬤
說，可以改穿顏色亮一點的衣服、穿
有點跟的高跟鞋，看起來更年輕、更
漂亮！阿公也不用怕禿頭不好看，戴
上髮片，一樣很帥氣！」

葉金川
生命就是
一場驚喜的派對！

1950年生，臺灣大學醫學系畢業，臺灣大學公共衛生研究所碩士，美國哈佛大學公衛學院流行病學碩士。1995年中央健康保險局成立，擔任首任總經理，曾任臺北市副市長、總統府副祕書長、行政院衛生署署長等公職。

國人對他印象最深刻的事件為2003年4月SARS襲臺，進入和平醫院營救醫護人員，並協助抗煞團隊作戰，被譽為抗煞英雄。

過去擔任公職期間，是前總統馬英九的重要幕僚之一，外界不免視他為政治人物，但長期投身的公共衛生領域及公益、教學事業，才是他所關注的。在民間單位曾任董氏基金會執行長、台灣血液基金會董事長等職，現為慈濟大學公衛系榮譽教授、中廣新聞網「活力台灣－健康生活新主張」節目主持人、作家、中華捐血運動協會理事長。

「2014年年底，我得到和李開復同一種癌症——淋巴癌，很幸運的是早發現，是第二期，前後治療約半年，包括兩邊眼睛開刀、電療和標靶治療。2015年6月25日做完最後一次標靶治療後，應該算是痊癒了。」葉金川罹癌時，周邊的友人大都不知他生病，痊癒後的那個月底，他辦了一場生日派對，告訴大家生病的事，同時也告訴大家自己已經痊癒！

那天的生日派對剛好是葉金川滿65歲的日子，生病治療結束和年滿65歲剛好在同一個時間點，他並沒有像很多人一樣哀嘆「為什麼是我？」、「老了什麼病都來了！」相反地，這激發了

年輕時要有活力、創意，如旭日東昇；中年時以事業為主、以健康為本，如日正當中；老年時，一般人認為是夕陽無限好，只是近黃昏，但退休後活力、創意、健康依舊重要，更要繼續保有工作，但要懂得利用本身的歷練、智慧與財力。如同棒球比賽，先發投手就像年輕時，年輕力壯可以撐很久，中繼投手像中年人，將戰局拉到巔峰，布局者與終結者就像中老年，利用經驗與智慧解決打者。

他對「人生下半場」的新思維。他說：「現在的每一天都是多賺來的，要好好利用，珍惜每一天。要相信到生命的最後一刻，都還有能力去改變大大小小的世界。」

想到就做
人生才沒有缺憾

「時間」是葉金川現在最在意，也最想好好把握的，「世事難料，誰也無法預料明天會發生什麼事；尤其我還得過淋巴癌，雖然現在治好了，但也許哪一天又復發，所以我沒有盤算很長的計畫，我不要想得太多、太遠；而是好好的過好每一天、每一月、每一年。」經歷這場病痛後，他最大的改變是對於生活和工作的定位和調整，過去一直以工作為重，現在學會了把工作步調放慢，盡量與生活取得平衡。

葉金川說，「如果老天爺還能讓我多活5年、10年，我的夢想是當作家跟廣播人；也想辦『生前追思會』，再辦一個『金齡樂活中心』，教老人活用資產來享受生活……」。他認為，老了更要有夢想，鼓勵65歲以上的長者或退休族要逐夢，想到就做，不要猶豫，這樣人生才沒有缺憾！

2003年對抗SARS期間，葉金川深入和平醫院內與美國疾病管制局人員協商處理疫情，那次的營救經驗，讓他對生命有更超然的想法。（攝影／郭聖達）

葉金川的生命體悟比同齡的人，看得更多也更廣。53歲那年，臺灣爆發SARS（嚴重急性呼吸道症候群）事件，只要聽到「SARS」人人聞之色變，而後，臺北市和平醫院爆發集體感染SARS而封院。雖然他那時已不是臺北市衛生局長，但為了營救困在醫院裡的同仁，仍不顧危險，步入醫院協助指揮。

那次的SARS戰役，他從容沉穩的抗煞表現，被媒體、民眾視為「英雄」，也印證了過去擔任公職、開辦「全民健保」，媒體給他「醫界的印第安那瓊斯」的美譽，讚賞他不畏艱難、勇往直前的決心，但似乎也暗示著他血液中有喜歡冒險的因子。

會不顧自己的生命去救人，是傻子嗎？葉金川沒否認自己當初進去，連太太的手機都忘了打，讓家人在外頭擔心，自己有些歉意，但想著和平醫院裡有900多位醫護人員被困在那，似乎有被犧牲的恐慌，他無法阻止自己想救人的心，不過，不是無條理，只憑熱誠救人，他憑藉著醫療公衛與傳染疾病管理的專業才去冒險。」

開辦全民健保
投身公益與教育

　　從小求學就富有志氣與正義感的葉金川，家境並不好，靠著苦讀，考上臺大醫學院，之後參與山地醫療服務隊，深入偏鄉部落，那時他看到比他更需要照顧的山地人、老年人，他在心中立下志願，希望「有一個制度，讓大家都有得到公平醫療照顧的機會。」這也是「全民健保」創辦的初衷。

　　希望能做更多為民謀福利的事，這個動機讓他捨棄當醫生，投入公共衛生，準備制定政策來幫助更多人。拿到公費，至美國

2017年3月，葉金川發表新書《最美好的時光》，分享人生走到後半場，仍要充滿夢想和活力、充滿創意和挑戰。現場他的好友（左起）上騰生技顧問股份有限公司董事長張鴻仁、台灣高齡化政策暨產業發展協會理事長楊志良、妻子張媚、出版此書的《大家健康》雜誌總編輯葉雅馨及《民報》創辦人暨董事長陳永興，共同為此書推薦。

1995年開始實施的全民健保是臺灣一項重要的成就，葉金川過去出版不少與臺灣公衛相關的書籍，為公共衛生的推展留下豐富的記錄。（圖／董氏基金會提供）

一流學府哈佛大學深造時，他的老師許子秋正擔任衛生署署長，希望葉金川能回國幫忙，他義不容辭，放棄在美國更好的前景，返國服務。

葉金川一直記得自己小時候的出身，苦民所苦，因而把人生的精華時光投入公共政策的推動。卸下公職後，他投身公益與教育，很感恩自己有機會能參與不少公益團體的工作，並到花蓮慈濟大學教書。

有些人看待他為政治人物，他感嘆，民眾被少數政治人物教育成從政治面來思考問題，其實，政治不應該如此，「即使不同的政黨、理念不同，也不是你的敵人，而是來督促你把事情做得更好的人。」如果有更多的人認同這樣的看法，並且進一步去影響新進的公民，「那麼，我們的民主才有未來，國家才有希望。」2017年初，他請辭台灣血液基金會董事長，心中只有不捨，他說，「不捨的不是我有任何損失，我相信我離開是社會的損失。」僅管他曾有把負責的血液基金會再推向另一個世界高峰的鬥志。

幸福樂齡
高年級的人生課

年輕銀髮族要有的思維

葉金川指出,從現在到2025年,臺灣將增加200萬名老年人口,這些人大都是年輕銀髮族(young old,65~74歲)。現在的老年人和過去不一樣,受過較好的教育,經歷的富裕年代較長、累積的財富較多,因為醫療科技進步,遠比上一代健康而有活力。為了讓銀髮世代和年輕世代能和諧地在社會發展,年輕銀髮族應該要有「化被扶養為扶養人,釋出資源助年輕人」的思維,可以繼續工作,但不一定留在原職場、原職位,可多從事在地的旅遊、休閒、健康、養生、文藝等服務性消費,讓青壯年人有經濟活動。

許多老年人有閒置資產,事實上,退休後可轉至郊區、鄉下或安養機構生活,不僅環境更適合,也可將資源釋出,透過出租、委託經營、出售,分享給仍在打拚的青中壯年族群,給下個世代更多居住的選擇。

2017年9月葉金川在美國猶他州紀念碑谷163號公路慢跑,這是電影《阿甘正傳》主角慢跑的路線。

不要在意別人的眼光
嘗試人生未碰觸的事物

經歷生死的生命課題後,葉金川更有所感,他提醒上了年紀

的人，「做自己想做的事，不要花費時間在爭論上。」不要在意別人的眼光，「你愛怎麼做，就這麼做！白天睡覺，晚上活動，也沒什麼不可以！想到處走走，就去走走，想參加社團，就去參加。想打麻將，打！想吃東坡肉，吃！想喝點小酒，喝！節制一些，適可而止就是。」他灑脫地看待老後人生，要享受生活、享受工作，把握每一個當下，把生命中的每一天過得精采。

　　如果過了65歲，他建議能夠工作就繼續工作，但不要為了錢而工作，而是要能樂在其中，讓自己滿足、得到成就感而工作。

　　「人老了，還是有許多新的事物可以學習，有戶外的，也有心靈的。戶外的活動很多，重要的是去學習一些沒有接觸過的活動，像是太極拳、元極舞、爬山等，不用考慮太多就去學吧！至於心靈的活動，琴棋書畫當然都是，想學就去學，嘗試以前沒機會碰過的樂器也不錯。」葉金川認為，學習新事物能讓生活更有動力。

　　至於生活上的新工具、新科技，很多老年人都不想去學，覺得學習這些科技的東西很麻煩，他建議不要排斥，例如：智慧型手機、社群軟體、電腦軟體、各種APP、GPS、網購等，現在生活都少不了他們，這些工具能帶給生活便利，也許還能增加不同的樂趣，也已經是現代生活上的一部分，是一定要學習的。

老年人的心理
更需要去照顧

　　許多人怕老，覺得「老」是可怕的事，葉金川說，「快樂面對老化，積極過日子，是唯一解決問題的方式。不是不服老，而是在能力範圍內盡量去發揮，自然就不會老，就會忘了老。」

葉金川從中年時就養成固定運動的習慣，有空就會嘗試新的活動。他學會划獨木舟、跑過馬拉松，更在60歲那年，達成臺灣人極少有的成就，攀登百岳成功。

尤其老年人生病後，總會被認為「需要照顧」，他反而覺得，強迫老人多休養是不對的，因為身體不動、腦子也不動，更容易出問題。很多病人就是病後不動，肌力退化、體力變差等問題一一浮現，造成無法挽救的遺憾。

　　如果家有高齡長者要照顧，葉金川建議子女要去了解他們想要什麼，擔心害怕什麼，並給予支持。對老人家來說，最需要的是晚輩的尊重，老人家的表達，不一定是口語上的意思，有時是面子，有時是不想造成他人負擔，必須花點時間釐清。

　　而老化社會最容易被忽略的是老人的心理健康問題，老人憂鬱症以及老人自殺的問題日益嚴重，當初他擔任衛生署署長時，成立心理健康司的重點工作之一，就是憂鬱症的預防以及自殺防治工作。

　　他說，「許多子女沒有時間陪伴父母，缺乏溝通和了解，會用老人家不想要的方式表達關心，反而幫不上忙。

這張照片是葉金川最喜歡的全家福照之一，2005年8月8日，他們一家人一起完成登上玉山山頂的夢想。當時小兒子才國二，現在已投入職場，並考上航空公司機師，未來要開飛機，帶著一家人完成更多夢想。

原本葉金川想在2015年65歲生日，完成到紐西蘭挑戰4000公尺高空跳傘的夢想，因當時剛完成淋巴癌治療，無法成行，到了2016年元旦，他終於完成這個瘋狂的冒險活動。

老人家對孤寂特別敏感，子女雖然工作忙碌，也一定要讓父母知道，當他們需要時，子女一定會陪伴在身邊，安全感是抽象的，但也是實際的。」

寫夢想清單
只要完成一件，就有價值

葉金川很勇於挑戰自我，他說自己要做些瘋狂的事才沒有遺憾，因此跑馬拉松、登百岳、泛舟、跳傘，要朋友不要等到過世後，才在追思會上紀念他。

他鼓勵65歲以上的老年人，不要對自己設限，「以前認為做不到的、不可能做到的，其實有些都是可以做到的，只要你有恆心、有毅力想去完成，應該還是可以達到目標的，更能給自己帶來成就感。」

葉金川寫了一張夢想清單，裡面有99項夢想，夢想有大有小，不時會更新清單。他說，「99個夢是什麼不重要，不一定每一件都能完成，但只要能完成其中一件，就有它的價值，就能改變我周遭大大小小的世界！」

他相信一定要懷抱夢想，「以夢想為中心，再選擇跟夢想相關的面向，靠著自己的力量去改變世界。」其實，做夢人人都會，但能夠立下目標，踏實去實現的又有幾人？

「我的夢很多，想到就做，說不完，也永遠做不完。我習慣隨身帶一本筆記本，想到什麼、看到什麼，就隨手寫下來。」他

覺得，「夢，只要想久了，堅持去做就會成功。」所以他把各種想得到的夢都寫下來，裡面有正經的，也有搞笑的，因為「夢就是要往前看，一點一滴，長久積累下來，就會做到很多。」

快樂的生活才是人生
不要憂愁苦悶的操煩

許多人老想著退休了，就該去環遊世界、含飴弄孫、安養天年，但葉金川說，「我的想法不是這樣，活著就要找到價值、找到方向，將自己的能力貢獻出來，做出改變。」這也是他的價值觀。

因此，工作不必然就是忍耐、苦悶的代名詞，擁有夢想也並非不切實際，退休也不一定要停止工作，有賺錢的壓力並不代表

退休後的葉金川常到有絕美景色的國家進行戶外探險活動，包括（左起）到美國猶他州拱橋國家公園登山、到西澳伯斯（Perth）練習水上滑板、挑戰喜馬拉雅山4000公尺的健行路線、以及育空河泛舟等。

不能擁有夢想。不論在人生的哪個階段，當我們堅持「夢想的價值」，做的事就有意義，生命自然會浮現它的光彩。能夠在現實中實踐夢想是一種幸福，而築夢成功也能享受到難以言喻的成就感。「踏實築夢」需要的是理性分析的智慧、行動力與堅持的毅力！

　　到了老年，他對「金錢」的價值觀，也有類似的想法。他認為，「金錢，必須讓最需要它的人去用，才能發揮最大效能。事實上，不只是錢，任何形式的幫助，提供給最需要的人，就能發揮最大的價值；如果行有餘力，將金錢或其他實質上能幫助到人的東西提供出去，自己的生活並不會受到影響，卻能夠從中得到幫助他人的快樂，這樣的快樂才是人生最大的快樂。」

　　因為快樂的生活才是人生，不要憂愁苦悶的操煩，如果到了65歲，還再為不喜歡的事做決定，那是浪費時間，所以葉金川會在值得紀念的日子安排特別的活動。他認為，「有些是一生只有一次的事件，像是結婚幾十周年、四十年的同學會、七十歲的生日等，花點時間去辦一場驚奇的派對，熱熱鬧鬧的邀請親朋好友一起參與這些值得紀念的日子，留下你一生最珍貴的回憶。」這些也都是一生中最美好的時刻。

（採訪整理／葉雅馨、楊育浩）

最美好的時光
讓老年人享受吧！

「老了怎麼辦？」葉金川認為，「讓老人享受吧！80歲以上的老人，不需要限制他們食物清淡，不必減重，吃得下比較重要，愛吃什麼就吃什麼，可以吃自己心目中的人間美味，讓自己活得更快樂一些。限制老人不能做這吃那，是違反人性的，也沒有任何科學根據證明能活得更快樂長壽。」

事實上，越來越多科學證據顯示，老人要吃好一點，吃胖一點，讓他具有多一點對抗疾病，對抗憂鬱情緒的能力。他說，「人生有無限的可能，每個老人都可以享受自己美好的最後一段人生——珍視眼前的每一刻，也期待著各種美好事物的發生。」

譚艾珍

照顧者
要懂得抽離角色

1953年生，23歲時接演電影《愛情文憑牛仔褲》而踏入演藝圈。拍過無數電影、電視劇和舞台劇，並主持電視、廣播電台的綜藝及環保節目。曾在多部偶像劇中，飾演慈愛的奶奶而為人熟悉，並在2013年入圍金鐘獎迷你劇集及電視電影女配角獎。其女兒歐陽靖為作家、藝人。

長年茹素，推動素食十餘年，目前固定主持大愛電視料理節目《現代心素派》。曾飼養上百隻流浪狗，積極推行動物保育觀念，並在2013年出版書籍《艾珍媽咪和動物貝比》。現為台北市動物園之友協會理事、中華民國動物福利環保協會常務監事、慈濟基金會委員志工。

譚艾珍總給人溫暖、喜悅的印象，除了演藝工作外，她飼養流浪狗，推行動物保育；而在失智症及憂鬱症照護上，她以過來人的經驗，告訴罹患者家屬，「自己要先放輕鬆」。

俏皮的眼神、甜甜的微笑，還有溫暖的情緒，這是許多人對資深演員譚艾珍的連結。從1976年演出第一部戲至今，演藝生涯已經邁入四十個年頭，曾參與過無數廣告、劇集演出，近年還獲頒「最佳婆媽獎」，她已是觀眾心目中，詮釋媽媽、奶奶等女性角色的經典代表人物。

演了那麼多與母性有關的角色，不管是被戲劇影響也好，發自內心也罷，如果沒有內化的情感特質支持，不可能演得了那麼久。不過在現實生活中，譚艾珍也遇到不少人生課題，但她並非用忍耐、逃避等態度去面對，而是善用演戲的技巧，以挫折為

很多人聽到我現在64歲，在蓋袖珍娃娃屋都會很驚訝，覺得有老花眼的人怎麼有辦法做袖珍娃娃？但大家不知道的是，其實蓋袖珍娃娃屋最需要的是耐性，要我坐在那裡一個下午只做這件事都沒問題。

我很愛卡通，手機包、零錢包都是派大星的圖案，女兒常說我比較像是孩子，她才是媽媽，那又何妨？做想做的事、快樂迎接老年，才不會讓人生留下遺憾！

師，轉化人生中重大的情緒挫折，從中尋求智慧與成長，這樣的人生觀也讓她的世界愈活愈寬廣。

當演員是為了
圓滿媽媽的遺憾

譚艾珍在工作上或許是個幸運兒，最初踏入這一行是為了圓滿媽媽的「夢」。媽媽年輕時一直想當演員，還到上海考試，但外婆強力阻止而無法如願，所以譚艾珍學校剛畢業，媽媽就力推她去考「華視演員訓練班」，當時她不太願意，回說：「我又不是崔苔菁那種高大健美的美女，長得瘦瘦小小的，哪裡適合？」結果面試時主考官說：「妳這種型的我們需要。」剛好稱了譚媽媽的心意，於是歡天喜地幫譚艾珍置裝、打扮，準備當星媽。

後來譚艾珍的星途頗為順遂，「每次我開始想是不是要找個副業，才剛報名課程、沒上幾堂課，新的工作又來了。」就這樣，她報名的調酒師、咖啡師訓練課程，全都上不到四堂課就被中斷了，竟然就在這樣的運途下，在演藝圈長青了四十年！有人說「三分天註定，七分靠努力。」但譚艾珍認為，演藝圈是最不適用這句話的行業，「在演藝圈，『運勢』很重要！」

藉著工作帶來的高知名度，譚艾珍歷年來致力於不少公益活動，其中最廣為人知的成就，就是推動《動物保護法》成立。在外人眼中，譚艾珍是投身動物保護運動的老將，但大家不知道的是，她不僅為了流浪動物付出心力、付出金錢，還曾因此債台高築。

為流浪動物盡心竭力
女兒泣訴「比狗還不如」

　　譚艾珍家曾經是一個「流浪動物園」，種類從狗、貓頭鷹、老鷹、飛鼠、蛇、鵝夫妻、超肥大迷你豬都有，多達十幾種。為了收養70多隻毛孩子，一家人從臺北市鬧區搬到石碇山區，她就像所有動物的媽咪，每天一下戲就忙著照顧，說是女版杜立德也不為過。

　　只要有被人遺棄的狗、商人賣不出去的稀有動物、或是落難的野生動物，都會輾轉被送到譚艾珍家收養。最特別的「房客」是一隻兩個月大的猴演員「悟空」，因為拍電影需要，劇組人員把悟空買回家，沒想到殺青後沒人養，譚艾珍只好帶回家照顧。

　　幫助動物原本是件快樂的事，但譚艾珍與丈夫卻因收養超過

 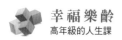

歲月雖然在譚艾珍臉上留下痕跡，但她寬懷的愛心卻從來沒有改變，許多大明星都暱稱她為「阿母」，即使和小朋友相處也很融洽。主持大愛電視台《現代心素派》節目已經二十年，譚艾珍依然保持歡喜熱忱。（圖／譚艾珍提供）

70隻動物，一度面臨「動物有飯吃，人沒飯吃」的窘境，甚至傾家蕩產，住在沒水沒電的鐵皮屋。女兒歐陽靖的童年經常在豬啼聲的伴隨下寫功課，家中每天都是「雞飛狗跳」，也難免被忙於照顧動物的媽媽忽略。

譚艾珍曾因此自責：「小時候她（歐陽靖）說餓了，我還是堅持要先餵完60隻狗，才會弄飯給她吃。所以她從小就很沒安全感，覺得自己是連狗都不如的小孩。」甚至認為女兒歐陽靖之前得到憂鬱症，和自己收養一屋子的流浪動物有關。

除了保護流浪動物，譚艾珍也致力推廣失智症和憂鬱症防治，引起許多病患家屬共鳴。不過，私底下她也跟一般人一樣，會遇到情緒上的挫折，她也一樣要去面對。像是中年喪夫、女兒

得憂鬱症，還有家人失智等，每一個都是難解的課題。

摯愛驟逝、女兒憂鬱症
讓譚艾珍學會傾聽

丈夫因睡眠呼吸中止症往生時，譚艾珍才42歲。醒來發現枕邊人在睡夢中突然過世，讓她慌了手腳，反倒是當時就讀國小五年級的女兒歐陽靖自動自發地幫爸爸念經，讓媽媽有時間去聯絡親友。

譚艾珍後來回憶這段往事時坦言，一夕之間痛失丈夫，讓她深怕再度失去摯愛的家人，因此有段時間變得非常黏女兒。女兒直到24歲，才擁有個人房間、可以關門的權利，「我們以前睡上下鋪，我睡到半夜，常會從上往下看看她。」

只是看似堅強的女兒歐陽靖也敵不過憂鬱症的侵襲，在意識到女兒罹患嚴重的憂鬱症後，譚艾珍才學會傾聽女兒的心聲，也終於明白女兒對自己收養流浪動物、盡心照顧的不解。幾次深談後，母女倆逐漸打開心中的結，攜手走過憂鬱風暴，甚至培養出革命情感，就像歐陽靖曾不只一次公開感謝母親，「我真的是靠媽媽走過那憂鬱的六年。」

有著滿滿母愛的譚艾珍，看到被主人拋棄的流浪動物們，非常不忍心，雖然要忙演藝工作，卻還是硬著頭皮接下照顧的擔子。許多奄奄一息的動物，經她照顧都變得生龍活虎。（圖／譚艾珍提供）

照顧別人前
自己要先學會「輕鬆」面對

　　天主教失智老人基金會曾在2012年推出電影《昨日的記憶》，講述四個罹患失智症的老人及其家屬的故事。劇中，譚艾珍將失智的阿霞老婆婆詮釋得唯妙唯肖，令不少觀眾印象深刻。但很多人不知道的是，譚艾珍如此傳神的演出，全都來自個人親身經歷，因為她這一生已兩度照顧失智親屬，一次是爸爸，一次

是婆婆。

譚艾珍的爸爸在她19歲時罹患失智症，當時她兩個弟弟很小，一個高中、一個國中，在父母分居的情況下，她休學照顧父親，這讓她有了照護失智症患者的經驗。後來，她的婆婆也有失智傾向。

婆婆原本生活活躍，但跟著孩子移民到美國一段時間後，在語言不通、環境陌生的情況下，智力逐漸退化，等到子女發現情況不對勁，搬到唐人街時，已經來不及，最後只好搬回臺灣，由兄嫂為主照顧，譚艾珍則配合做居家照顧。

譚艾珍對於失智者的心靈，有一些獨特的看法。她說：「在我的經驗中，他們失智前似乎都經歷一段恐懼的日子，像我父親有一段時間回憶起當年戰爭的可怕，他擔心鬼魂會從窗外跑進來找他，一直要求我把窗戶的縫隙貼緊。而婆婆在美國的那段時間也是。如果我們可以在親友明顯失智前，就處理這類心靈上的包袱、恐懼，是不是可能可以預防失智呢？」

譚艾珍認為，對很多人來說，面對過去的自己並不是件容易的事，尤其是類似父親這種有「創傷後壓力症候群」的人，心中的壓力不是一般人能想像的。如果有些方法能幫助他們早點面對、放下，或許就能避免失智的發生。她也把這些想法提供給專

幸福樂齡
高年級的人生課

曾經，譚艾珍是個稱職的狗媽媽，終日最大的工作，就是和毛孩子玩在一起，沒想到因此忽略了女兒歐陽靖。直到女兒開始自殘，譚艾珍才正視女兒罹患重度憂鬱症的事實，也開始學習如何做一位母親。如今，母女倆感情好得像姊妹，經常膩在一起。（圖／譚艾珍提供）

業機構做為研究的參考。

談到「失智症照護」，譚艾珍提醒照護者自己「要先輕鬆」。其實，以前較少聽到「輕鬆面對也是一種能力」的說法，但近年來照護者快被逼瘋的事件頻傳，像是藝人侯昌明的太太，因為照護失智症的公公，自己也得到憂鬱症，更加突顯學習「輕鬆面對」是如此重要！

懂得「抽離」身分
才能避免陷入悲傷

譚艾珍說，19歲照護爸爸時，對世事了解不深，只是陪他玩，但等到照護婆婆時，更了解「抽離」的技巧很重要。譬如當失智的爸爸不認得她時，她會假裝自己不是女兒，是另一位小姐，聽爸爸講述自己的故事、講自己的女兒，這樣就不會執著於「爸爸已經不認得我了！」這種悲傷，心情也會輕鬆很多。

照顧婆婆時，感恩婆婆只願意讓她幫忙洗澡，她就自己也脫光衣服，把婆婆嚇了一跳。她對婆婆說：「我待會要跟你打水仗啊！不脫衣服，就會弄濕衣服耶！」然後就開心地與婆婆邊玩邊洗澡，因為坦誠相見，婆婆也跟她說了許多自己的故事。

幸福樂齡
高年級的人生課

譚艾珍說，失智症患者雖然不記得很多事，可是他們感覺得到情緒，如果大家都很緊張，他們也會跟著緊張，不如大家先溝通好，了解這個疾病就是這樣，認清楚他們的記憶就像一片片的拼圖，已經不可能完全恢復了，然後轉換心情來面對。

　　像她婆婆常吃飽了沒多久就忘記，還說：「我已經三天沒吃飯了」，這時候婆家的家人就會好氣又好笑地揶揄她說：「妳明明剛剛才吃了兩碗！」……。像這樣的方式會讓照護過程愉快很多，也可以避免家人間的情緒風暴。

　　後來，譚艾珍的女兒歐陽靖罹患憂鬱症，她也是用「抽離」的方式，假裝自己是隔壁的阿姨，在聽歐陽靖講話，就是這樣的傾聽技巧，讓女兒後來復原之後，對媽媽的照護過程「非常滿意」。

常保赤子之心是譚艾珍面對挫折和挑戰的祕訣。愛看卡通的她笑說自己的心智年齡只有「幼兒程度」，連女兒都不准她過母親節，只能過兒童節。擔任慈濟科技大學懿德媽媽時，譚艾珍還特別自製神奇寶貝立牌歡迎新生。（圖／譚艾珍提供）

赤子心嘗試各種事物
生活才不無聊

　　當譚艾珍談起自己與爸爸、婆婆的相處過程時，她在一秒之間轉換了情緒，好像瞬間演起另一個角色，在與失智者「對戲」。也好像她正在跟幼稚園的孩子相處，天真無邪地談論卡通人物、生活瑣事一樣。這種「瞬間抽離」的能力並非與生俱來的，是經過家人得失智症、憂鬱症，可能還加上她身為演員，要有控制情緒的能力，綜合磨練出來的一種技巧，值得有類似經歷的照護者參考。

　　譚艾珍說，要把自己當成外人來面對熟悉卻失序的家人，對很多人來說並不容易，但是如果能放下包袱，「輕鬆看待」就可以解決很多情緒上的問題。

　　譚艾珍一直是個好學不倦的人，對運動、手工藝等各種事物都抱持著高度興趣，也常進修心靈課程。自稱有「反骨性格」的她，喜歡用自己的方式去嘗試生活中的大小事，就是不想跟別人一樣！這種「挑戰」的精神，讓她的生活一點都不無聊。

　　最近譚艾珍在蓋自己的「袖珍娃娃屋」，喜歡看卡通的她說要做一棟像電影《天外奇蹟》中的房子，每一面牆的顏色都不一

樣！而已經64歲的她，就是這樣過著開心又充實的生活，她特別呼籲老年人，要觀照自己的身心靈健康，「我們要讓自己未來不要被長照」。

喜歡手工藝的譚艾珍最近迷上了蓋「袖珍娃娃屋」，還特地去找老師上課，學習如何「蓋房子」。蓋袖珍屋除了要有良好的眼力，還得有耐心，別看她年紀不小，可很有毅力，做一整個下午都不成問題。（圖／譚艾珍提供）

預約照護中心養老
不要拖累子女

　　將年邁的雙親送進安養中心，在國外很合理，但在華人傳統思維裡，卻是個「不孝」之舉。「父母把你養那麼大，怎麼可以把他們送去安養中心？」、「孩子把我送進安養中心，是不是不要我了？」諸如此類的指責，讓不少子女咬牙硬撐，過著白天工作、晚上照顧病人的生活，即便心力交瘁，也不敢下定決心替父母安排合適的照護機構。

　　或許是因為曾照顧過兩個失智家屬，譚艾珍更懂得體恤照顧者的辛勞。不想成為女兒的負擔，她早已與女兒約好：「萬一我失智了，妳不用管我，妳就去拚命賺錢，讓我住一個很好的安養中心，有專人伺候，也不用干擾妳的生活，把我交給專業人員就好了。反正我也不記得了，不要拖累自己家人。」

　　譚艾珍的豁達，傳承自母親。母親是個非常開明的人，早在二十多年前就跟他談起器官捐贈的想法。耳濡目染下，她不僅早就寫好遺書，甚至還簽下骨髓捐贈和器官捐贈同意書，希望能透過愛的傳遞，讓生命生生不息，用器官捐贈為生命畫下完美的句點。

（採訪整理／葉語容、張郁梵）

 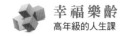 幸福樂齡
高年級的人生課

放鬆心情，用期待的心迎接快樂的老年時光

比起多數人害怕迎接老年生活，譚艾珍顯得樂觀許多，甚至覺得這是一件很快樂的事情。她說：「我很期待再過一年，我就能領到『福祿壽』三聲卡，嗶嗶嗶，從此坐高鐵都半價。」

很多人想存多點錢才養老，但她卻語重心長的勸大家千萬不要算錢，「因為你愈算會愈困擾。」只要好好的享受每一天，安排自己喜歡做的事，不管是學習新的課程、參加社團交朋友都可以。

她也提醒退休族，「如果你現在60幾歲，人生已經過了三分之二。如果有幸，還有三分之一可以活，不要浪費這有限的三分之一，要好好的過完、好好的享受，最後撒手人寰時才會沒有遺憾。」

陳焜耀

不要停下腳步
繼續保持活力！

1954年生，合隆毛廠總裁。23歲進入家族企業上班，就此踏入羽絨產業。1990年，36歲的陳焜耀以二房之子的庶出身分，接下搖搖欲墜的臺灣合隆，成為紡織業最年輕的董座。如今，合隆毛廠是亞洲歷史最悠久、布局最廣的專業羽絨製造廠，在全球各地獲獎無數。

合隆一度瀕臨破產，他當時為了拯救合隆，決定念書，政大企家班畢業後，還跑去美國西雅圖城市大學進修企管碩士。壓力一度大到得靠安眠藥和鎮定劑來助眠，直到接觸馬拉松後，才讓他依賴藥物的問題「不藥」而癒。

陳焜耀是臺灣首位三進三出撒哈拉沙漠、最年長的超級馬拉松參賽者。2017年5月，他和兩位兒子花了七天六夜，挑戰美國海豹部隊的訓練基地——夏威夷火山馬拉松「Mauna to Mauna」。抵達終點後，兒子陳彥誠和陳彥誌一如以往將父親扛在肩上，馬拉松父子檔奮戰超馬，重新修補的是父子間遲到十多年的親情。

冷颼颼的寒冷冬季，保暖的羽絨衣都會熱賣，但大家可能不知道，市面上部分知名品牌的羽絨製品原料，都是出自合隆。

　　合隆毛廠是羽絨原料供應大廠，除了代工服飾，也為美、日等國廠商代工羽絨寢具等成品。

　　由陳焜耀一手打下的合隆江山，年營收超過50億元，全球市占率約六分之一。不僅掌握了冰島雁鴨、加拿大白鵝羽毛等頂級羽絨的主要產量，就連他本人也在2006年打破歐洲壟斷壁壘的國

　　退休後，還能做什麼？在我看來，退休後做什麼都好，就是別閒著！如果真的不知道該做什麼，就去運動吧！游泳、快走都可以，或是規劃一場自助旅行，出去走走、看看，欣賞不同的風景也不錯。畢竟人是「動物」，是「動」的「物」體，就該「多動」啊，才不會讓身體荒廢了！

際羽絨市場，破天荒成為首位當選國際羽絨羽毛局（IDFB）技術委員會主席的亞洲人。

只是在這輝煌的成績背後，卻是一個百年家族分裂，「細姨」之子接班，中興家族的故事。

從負債三億到年營收五十億
打造合隆成為國際羽絨霸主

陳焜耀學生時期常到工廠打工，更小的時候，常坐在摩托車前面的油箱上，陪爸爸去工廠。「雖然我是庶出二房的小兒子，卻和爸爸始終很親密，但一開始，我只想當老師，根本不想碰家族事業，只求有間房子安穩過一生。」

在父親堅持下，陳焜耀打消出國夢，待在父親身邊學習生產羽毛的技術。

1990年，陳焜耀被迫接手臺灣合隆，原因是父親突然罹癌，病情迅速惡化，庶子的身分在家族兄長堅持分產時，不敢爭多論少，致使最後只分得合隆毛廠這個最不被看好的工廠，加上所有人又無意經營深圳廠，他只得變賣個人家產，吃下兩家公司的持股，一下子就陷入無現金周轉的危機中。

「爸爸臨危時一再交代絕對不可分家，但兄長卻堅持分家，力量一下就分散削弱了！」在此之前，陳焜耀跟著父親學做生意，好不容易打開日本市場，營業額幾乎百分之百依賴日本，甚至主要客戶就占總營業額的七成。

　　這種失衡的「體質」，導致後來百病叢生。「因公司風雨飄搖，同業都在一旁等著看合隆垮台，而公司一手栽培出來的業務人才，也因信心不足，紛紛另立門戶，還回頭搶走日本的訂單，讓公司陷入絕境，連買原料的本錢也沒有。」

　　此時陳焜耀想起「好久沒和美國人做生意了！」於是積極開拓美國訂單，正好美國廠商也備受中國羽毛製品品質低落之苦，急著尋找合作夥伴，而臺灣合隆早已達到日本業者挑剔的高標準。當下雙方一拍即合，臺灣合隆絕地重生，自此生意愈做愈大。

　　如今，合隆在加拿大、德國、韓國和日本都有投資相關企業，光是亞洲就有六個生產基地，更掌握了冰島雁鴨、加拿大白鵝羽毛羽絨等世界頂級羽絨的主要產量。

　　合隆產品主要分成三大類，一是羽絨原料，二是寢具產品，三是一般成衣，少部分內銷，絕大部分外銷至歐洲、美國、日本、韓國等世界各國，且從工業產品到消費性產品皆系列完整，

消費性產品更打出自有品牌，不論羽絨被、羽絨枕、睡袋、夾克和背心等，高品質的羽絨製品都帶給消費者一個穿、蓋舒適的新感受。

跑步跑成興趣
成功挑戰馬拉松

　　想起當年的經營危機，陳焜耀坦言，「當時壓力真的太大

陳焜耀54歲開始跑馬拉松，近年完成不少國際賽事。2016年挑戰納米比亞撒哈拉馬拉松（左圖），2017年11月，少了兒子作伴，63歲的陳焜耀第三次獨自挑戰極地馬拉松，順利完成阿根廷Patagonia賽事，全程250公里（右圖）。（圖／陳焜耀提供）

了，導致我長期服用鎮定劑、安眠藥才能作息正常，用『安眠藥當花生吃』來形容一點都不誇張！」雖然知道長期吃安眠藥、鎮定劑不是辦法，可是一躺上床，想到別人說的閒話、人事問題、資金問題、客人質疑、旁人嘲笑等，壓力大到根本睡不著。「我想能挺過那段難關，讓我至今還能健康活著，是因為一直有在運動！」他石破天驚般的說出這個結論。

2008年，在大兒子陳彥誠的帶領下，54歲的陳焜耀開始接觸跑馬拉松。一開始是跑ING台北國際馬拉松9公里組，隔年，便和兒子一起報名挑戰全程馬拉松。

「別以為跑全馬是件容易的事！」陳焜耀回憶，當時他57歲，跑到下半程時，體力已不濟，若不是兒子在一旁不停鼓勵：「爸，跑快點，主辦單位在撿人頭了。（沒被撿到的就得放棄，把路權還給用路人）」陳焜耀拚著一口氣才終於跑完全程，拿到夢寐以求的完賽紀念獎牌。

2011年，政大企家班同學約他參加林義傑發起的「擁抱絲路」活動，他和兒子飛到西安參加最後一段200公里陪跑。「生產事業的壓力很大，跑馬拉松的過程，全身流很多汗，跑完全身舒暢，壓力全都釋放掉。」陳焜耀覺得，跑步是最好的運動，短褲加跑鞋，不受場地限制，就能達到健身的目的。

幸福樂齡
高年級的人生課

跑極地超馬也許不是很特別，但父子一起跑，可就稀奇了！2017年5月，陳焜耀與兩個兒子成功挑戰夏威夷火山馬拉松，在抵達終點線後，彥誠和彥誌兄弟倆還特地將父親扛在肩上，共譜出賽場上最美的親情風景。（圖片由M2M大會提供）

撒哈拉超馬
難忘的人生經驗

2012年底，兒子報名撒哈拉超馬極限挑戰，陳焜耀聽到後很不高興，忍不住抱怨：「也不相約一下！」兒子解釋，超馬比賽不但辛苦，也有危險性，尤其沙漠環境詭譎，媽媽又十分不贊成，所以才沒約爸爸去。

然而，陳焜耀躍躍欲試哪容阻擋，最後父子結伴同行，經歷七天六夜的非人賽程，雙雙完成比賽，成為實至名歸的「鋼鐵人」、「特種部隊」。他笑著說，這輩子從沒那麼邋遢過，不但所有裝備要自己扛，全程沒法好好吃，也沒辦法洗澡，加上40幾度高溫烘烤下，整個人都要變形了。

但最令陳焜耀感到神奇的是，每天要跑40公里路程，要喝將近7公升的水（每10公里喝1.7公升），連續8天下來，體質竟完全改變，返臺後再也不用吃鎮定劑和安眠藥。「因為這個意義重大的轉變，老婆大人對於我從事極限體能運動，從『持保留態度』轉為『默許』啦！」夫人陳亦惠甚至對友人表示：「運動改變了另一半的人生。」

攜手參賽成回憶
不再錯過父子情

在征服撒哈拉極地馬拉松後，陳焜耀並不以此為滿足，陸續挑戰中國戈壁、智利阿他加馬沙漠、南極、大峽谷等地。2017年5月，更與兩位兒子挑戰美國海豹部隊的訓練基地——夏威夷火山馬拉松「Mauna to Mauna」，在平均標高2000～4000公尺的兩

陳焜耀認為，「所謂退休，不是靜態的，而是要找尋積極的目標，讓自己繼續迎向另一個挑戰。」若是喜歡旅遊，每趟行程不妨多預留至少兩小時的空白時間，讓自己更有時間多走多看。他的經驗是，抽空探險通常會有意想不到的發現與驚喜，也因此看到不少預期外的美麗風光！

座火山間奔馳，雖然辛苦，卻讓父子三人大呼過癮。同年11月，已經晉身「超馬老將」的他第三次獨自挑戰極地馬拉松，順利完成阿根廷Patagonia巴塔哥尼亞高原賽事，全程250公里。

在一場又一場七天六夜的極地賽事中，陳焜耀頂過沙漠高溫曬傷，克服雪地裡可能失溫的壓力，欣賞了不少極地特有的地貌風景，但對他而言，可以更進一步認識自己的孩子，才是參加極地馬拉松最大的收穫。

年輕時的陳焜耀事業心極為強烈，生活都被工作填滿，即使是睡覺前，想的也是明天會議要說什麼、生產線哪邊要改進、怎麼說服客戶下單，也正因如此，他曾是個在孩子成長過程中缺席的父親。

1990年接掌臺灣合隆後，陳焜耀為了傾全力拓展事業，讓妻子帶著兩個兒子移民紐西蘭，自己則穿梭全球跑生意，每年只回家2～3趟，每次停留1～2周。他回憶，曾在店鋪櫥窗前駐足半小時，猶豫是否幫心愛的兒子買一個上萬元的玩具，但礙於當時事業遭逢難關，每一分錢都額外珍貴，幾經思索後，最終仍空手而回。沒想到事業好轉了，當他想再買玩具給孩子時，卻發現他們已經到了不需要玩具的年紀。

陳焜耀感覺對小兒子陳彥誌特別虧欠。2014年，他們首度相偕參加智利阿他加馬沙漠超馬，這是陳焜耀二度挑戰。這趟「沙漠行」讓他意外發現，在面對長期參賽的各國老友時，自己除了一句「這是我小兒子」外，竟想不出如何介紹彥誌。

「我和彥誌這麼不熟嗎？」陳焜耀驚覺，過去總將目光放在長子彥誠身上，而彥誌從小被環境逼得成熟、個性壓抑，即使家中經濟無慮，仍從高中開始打工賺學費，總是獨自處理情緒和生活。此趟超馬之旅讓他終於有機會能和彥誌單獨相處，當他們穿

幸福樂齡
高年級的人生課

越岩山、沙丘、溪谷、礫石地環繞的荒涼寒漠，陳焜耀彷彿能夠體會彥誌單調苦澀的成長歷程。

當賽事進入最後一天時，父子相偕跑完最後一程。快到終點時，兩人一起從背包裡拿出公司旗、張著旗子走到終點。一跨過終點線，彥誌忽然心血來潮，熱血地說：「爸，我想把你扛起來。」那一刻，陳焜耀才恍然大悟，原來父子間那股緊密又寶貴的親情一直都在！

在長達兩年的超馬征途中，陳焜耀看見大兒子的穩健與領導風範，2015年10月正式將董事長一職交棒給陳彥誠，將合隆傳承給第五代。（圖／陳焜耀提供）

提早交棒百年心血
從「跑超馬」看見兒子的領導風範

　　2015年，當父子征服完四大極地賽的隔年，34歲的陳彥誠突然接到陳焜耀發給全公司，標題為「籌備董事長交接典禮」的群組信。對陳彥誠來說，「接班」來得很突然，直到交接典禮前半小時，還忍不住緊張地問：「爸，你是玩真的、還是假的？」

　　在臺灣傳統產業中，陳焜耀是極少數願意提前交班的經營者。問他為何會放心將這百年企業交棒給兒子？他說：「我跟他一起跑超馬，在沙漠、南極這麼惡劣的環境，他都生存下來了，還能幫助我、幫助隊友……跑步可以想很多事，當時我就想，我是不是顧慮太多？現在不放手，什麼時候才要放手？我要趁我手暖的時候幫助他。」

　　由於陳焜耀當年是在父親突然病倒下，臨危受命接任董事長，沒什麼歷練機會。所以，到了交棒的時刻，才會希望能趁自己還正值壯年時，提早讓兒子接班，自己則掛名總裁，「這樣我才可以從旁協助，給他長一點的養成期，畢竟經營是需要經驗累積的。」他相信，在彥誠和彥誌兩兄弟的領導下，合隆還可以繼續創造下一個百年光輝！

喜歡自由、熱愛冒險的陳焜耀除了跑步
以外，另一個興趣就是騎重機。帶著輕
便行李，騎著哈雷，陳焜耀不僅造訪許
多美景，也留下不少珍貴照片。

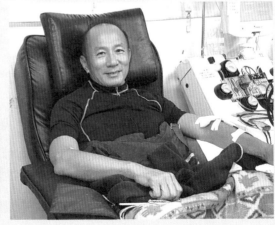

為了使身體保持在最佳狀態，陳焜耀平
時都會維持運動的好習慣，也會定期捐
血做公益，捐血次數即將達到400次。
（圖／陳焜耀提供）

超馬老將
騎重機遊遍北美

如今，第五代已加入合隆，同輩的企業家也漸漸退居幕後，但退居幕後的陳焜耀並不因此而停下腳步，熱愛冒險的他，除了跑步之外，還參加重機車隊，騎著哈雷橫跨美國，縱情奔馳在極富傳奇的66號公路上，從芝加哥一路騎到洛杉磯，全程約四千公里，一圓「重機夢」。

2017年，陳焜耀更自行規劃、安排國內外的重機小旅行，造訪了許多以前未曾前往的城市，也欣賞到許多美景。在經過美加邊境時，他看見了如明鏡般清澈的取景湖（Picture Lake），也看見了臺灣看不到的麥田海，「金黃黃的一大片，真的很像是沙漠海，一望無際！」

踏上旅程前，他會先將行程規畫好，而且會多預留至少兩小時的空白時間，讓自己有時間多走走看看。心血來潮時，也會特地彎去岔路探險，通常都會有意想不到的發現，可以看見預期外的風光！他也鼓勵上了年紀的人，不要停下腳步，要積極的安排能接觸外界的活動，讓自己繼續保持活力。

（採訪整理／張慧心、楊育浩、張郁梵）

退休後，
別讓身體「閒置」！

要活就要動！近幾年迷上騎重機、跑超馬的陳焜耀深知「有健康的體力，才能談生活品質」，因此會督促自己盡量每天上健身房報到，練跑步、游泳、重訓。他笑說，「我無法一直坐在家裡看電視，就是靜不下來，所以我會盡量把生活填滿。」

閒暇之餘，陳焜耀也會四處演講，參加公益活動，還會定期上捐血中心捐血。他也建議準退休族，不要讓自己閒置在家，如果真的不知道要做什麼，去運動、公園快走也好。不要覺得年紀大了，做不了什麼運動，其實愈老愈要動，而且一分耕耘，一分收穫，持續運動一陣子，你就會驚訝地發現，原來身體已經在無意間變得更強壯了！

編輯後記

三隻猴子

文／葉雅馨（大家健康雜誌總編輯暨董氏基金會心理衛生中心主任）

　　我的爸爸常說，老了就該學學日本東照宮裡的那三隻猴子（一隻摀著耳朵、一隻摀著眼睛、一隻摀著嘴巴），它本象徵非禮勿聽，非禮勿視，非禮勿言。

　　而他解釋：這是老天爺特別的安排，老伙呀（台語）聽力漸漸變差是要我們不該聽的不用聽那麼多；視力漸弱是叫我們凡事不用看得這麼清楚，差不多就好；不該說的不要嘮嘮叨叨固執有意見，要多配合年輕人……。

　　說得好玩，卻裹著勸慰及自在的生活態度。

　　有幸身旁有許多80幾到90幾歲的長輩，一路來除了受他們多所照顧提攜，陪他們一起漸漸變老的過程，常有許多生活哲學與智慧，讓我體會怎麼老而自在、老得好。

　　我的媽媽每次去新光、台大醫院看診或復健就會說：怎麼到處都是年紀大的人呢，老人真是個社會的大問題！也讓我常常想這個事：這或許是個問題，但不也反映了一個事實，拜科技醫療

之賜，人類的壽命延長了，也是一種進步的象徵吧！

　　除了照顧，還有許多健康與亞健康型的老人家，就像我身旁的許多長者，除了規律去醫院拿慢性處方籤，或處理特定的疾病，有非常多的時間是享受著一般的生活——閱讀、看電視、回憶往事、論述一下政治、吃過午餐想一下晚餐吃什麼……關心周遭的朋友晚輩……。怎麼生活精彩有樂趣是非常重要的一環，於是有了出這本書的構想，活躍老年不只是一個口號，許多長者的實際生活故事就是很好的範例，重點不在幾歲，而是怎麼生活，所以在寶佳公益基金會的合作方案，把這本書的出版列為首要。

　　《幸福樂齡：高年級的人生課》一書，透過大家熟悉的人物分享精采的過往故事、目前的生活、未來的規劃及對「老」的看法。有次訪問當時67歲的作家王溢嘉，他提到因應高齡化社會來臨，活到80、90歲應該非常普遍，就看剩下的人生要怎麼過。他提了一個很有意思的觀念，「以前我們會分幼兒期、兒童期、青春期、壯年期及老人期等，但人生對我目前來說只有三個時期：童年期、青春期、成熟期。65～75歲是老人的童年期，這時要懂得玩及學習如何開始過老人生活。75～85歲是老人的青春期，更不要設限。85歲以上則是老人的成熟期，此時可看淡生死。」

將老年分為「童年期」、「青春期」、「成熟期」，似乎是老年生活更有層次的三階段形容。本書特別安排12位的受訪者，分布在這三階段裡。

　　孫越是書中最年長的一位，87歲的孫叔已進入老年的「成熟期」，不只在生活上充滿智慧與喜樂，對生死更豁達的哲學，這是此年齡超然的生命態度。應該在「童年期」的葉金川，似乎快速跳到了「青春期」，卻也有「成熟期」的生死看待，熱愛生命、享受生活，夢想錦囊中滿是有趣的挑戰與冒險。

　　書中屬於「青春期」年齡階段的有謝孟雄、黑幼龍、沈燕士，他們都是退而不休的企業領導人，像謝孟雄重視人文教育，喜歡學校生活，持續授課教導學生；黑幼龍有著年輕的心，常與年輕世代分享人際溝通；沈燕士則是帶著自身企業的研發團隊，不時接受媒體訪問，解說自家產品。他們都是熱在青春的長者。

　　而處於老年「童年期」的陶傳正、張金堅、楊志良、陳益世、林靜芸，甚至還準備要進入「童年期」的譚艾珍及陳焜耀，都是懂得「玩」老的人。陶爸依舊活躍於舞台劇，不讓自己的老年生活閒著；張金堅則持續看診、開刀，期許做到自己倒下為止；楊志良依然不改性格，為百姓發聲、為高齡者服務；陳益世

則努力將企業打造成年輕一代的家園；林靜芸雖是整型醫師，但努力教人養生；而譚艾珍則透露了照護長輩的思維與心理調適；至於陳焜耀像是一個極地超馬的冒險家，年齡愈長愈勇於挑戰。他們持續豐富精彩的生活，懂得安排，讓人生更有玩味，不會被一時不愉快的憂鬱情緒所擾。

這本書適合給已退休的長者或準備退休的上班族閱讀，因為可以習得提升熟齡生活品質的經驗；也適合年輕世代閱讀，提早「懂老」，更能將心比心，尊重身旁長者有「被需要」的感覺。

老年，應是一生最福氣的階段，許多事也會因自己的想法、行動而轉變，千萬別小看自己的影響力。有幾次陪爸爸去中崙市場買菜，他親切與熟識的攤販寒暄，有個年輕的魚販特別叫我爸爸「少年吔」，我爸則叫這年輕人「歐吉桑」……他的生活圈帶給許多人歡樂，看似平凡，卻是長者給周邊人溫暖的時刻。

我相信「懂老」是一門學問，「體會老」則需要世代的理解。感謝寶佳公益慈善基金會賴進祥董事長及本書所有受訪者，一起完成《幸福樂齡：高年級的人生課》一書，傳播更多快樂與對生命的期待！

董氏基金會《大家健康雜誌》出版品介紹

蔬食好料理：創意食譜，健康美味你能做！
定價／350元　作者／吳黎華

這本書為想追求健康窈窕的你，帶來做菜的樂趣與驚喜，教你輕鬆煮出蔬食清爽無負擔的好味道。你會發現高纖低卡的青菜料理不再一成不變，意想不到的搭配，讓每一口都充滿巧思。學會這些創意食譜，你也能變身時尚健康的飲食達人。

蔬食好料理2：饗瘦健康，樂齡美食你能做！
定價／350元　作者／吳黎華

藜麥、香椿、蒟蒻、杏鮑菇等養生食材，如何創意入菜，煮出美食？天然蔬食也能吃出異國風？熟齡飲食如何兼顧美味？學會書中食譜，你也能輕鬆做料理，為自己和家人的健康加分！

預約膝力人生：膝蓋要好，這樣保養才對！
定價／250元　總編輯／葉雅馨

本書除了教你認識膝關節、正確的保養知識，更有運動防護的實戰解答，尤其瘋路跑、迷上路跑，又怕傷膝蓋怎麼辦？本書完整教你：正確的跑步方式，跑步前後該注意的事項，如何預防膝蓋傷害、如何透過練習、聰明飲食，讓自己身體更有能量！

享受跑步，這樣跑才健康！
定價／280元　總編輯／葉雅馨

本書教你用對方法跑步，告別扭傷、膝痛，甩開運動傷害，做好運動前後該做的事，讓你輕鬆自在玩跑步！你不必再受限坊間書籍強調的標準姿勢跑法，本書告訴你，只要找到身體的協調性，你也能跑出節奏和步調，享受屬於自己的跑步生活！

排毒養生這樣做，輕鬆存出健康力！
定價／250元　總編輯／葉雅馨

想排毒養生，就要從避免吃進毒開始。本書教你挑選食材的訣，無毒的採買術，同時提醒留意烹煮的鍋具，不要把毒吃下肚。教你懂得居家防毒，防範生活中的毒素，包括室內空氣污染物、環境荷爾蒙等。最後，釐清養生觀念及迷思，為身體存出健康力！

董氏基金會《大家健康雜誌》出版品介紹

人生的禮物：10個董事長教你逆境再起的力量
定價／280元　總編輯／葉雅馨

跟著10個超級董事長，學成功經驗與人生歷練！本書集結王品集團前董事長戴勝益、美吾華懷特生技集團董事長李成家、台達電子董事長海英俊、全家便利商店會長潘進丁、和泰興業董事長蘇一仲、八方雲集創辦人林家鈺、合隆毛廠總裁陳焜耀、億光電子董事長葉寅夫、康軒文教董事長李萬吉、宏全國際董事長戴宏全等10個知名企業領導人，收錄他們精彩的故事與人生歷練。

迎變：李成家正向成功思維與創業智慧分享
定價／380元　口述／李成家　總編輯／葉雅馨

你是等待機會的人，還是做好準備的人？一個原本來自屏東鄉下的年輕人，如何看到處處是機會？多年後，又如何能成就擁有三家上市櫃公司？美吾華懷特生技集團董事長李成家不藏私，分享人生的正向成功思維與創業經營智慧！

心的壯遊：從捷克波希米亞，觸動不一樣的人文風情
定價／380元　作者／謝孟雄

捷克，浪漫迷人的波希米亞風情，幾經歷史洗禮、文化淬鍊，造就今日擁有12處世界文化遺產。本書以攝影家的運鏡，文史家的宏觀，用「心」帶你看到布拉格的絕美、卡羅維瓦利迷人的溫泉景緻、克魯姆洛夫保留的世遺風貌，以及庫特納霍拉變化萬千的人骨教堂……

最美好的時光：人生無憾過日子
定價／380元　作者／葉金川

罹癌康復後的葉金川珍視眼前的每一刻，他知道有一天必須跟親友說再見，因而寫下了對生命的提醒：「人一生要活得精彩、走得帥氣，走的時候不要管子、不須維生治療；死後大體器官要捐贈，不要追思葬禮，也不要墓園墓碑；想我的時候，就到合歡北峰來看我。人一輩子，就該留下一些能感動自己的事！」

啟動護眼行動，別讓眼睛老得快！
定價／250元　總編輯／葉雅馨　採訪整理／大家健康雜誌

本書逆轉過時的眼睛保養觀念，想擁有清澈動人、更顯年輕的明眸，哪些護眼基本功要做？如果一天使用3C超過10小時，不想3C損耗視力，趕快翻閱本書，教你防備！

幸福樂齡 高年級的人生課

總　編　輯／葉雅馨
主　　　編／楊育浩
執　行　編　輯／蔡睿縈、林潔女、張郁梵
採　訪　整　理／張郁梵、梁雲芳、葉語容
人　物　攝　影／許文星
封　面　設　計／比比司設計工作室
內　頁　排　版／陳品方
照　片　提　供／孫越、謝孟雄、黑幼龍、沈燕士、陶傳正、張金堅、楊志良、
　　　　　　　　陳益世、林靜芸、葉金川、譚艾珍、陳焜耀（依文章先後順序）

合　作　出　版／財團法人寶佳公益慈善基金會

出　版　發　行／財團法人董氏基金會《大家健康》雜誌
發行人暨董事長／謝孟雄
執　　行　　長／姚思遠

地　　　　　址／臺北市復興北路57號12樓之3
服　務　電　話／02-27766133#252
傳　真　電　話／02-27522455、02-27513606
大家健康雜誌網址／healthforall.com.tw
大家健康雜誌粉絲團／www.facebook.com/healthforall1985

郵　政　劃　撥／07777755
戶　　　　　名／財團法人董氏基金會

總　經　銷／聯合發行股份有限公司
電　　　　話／02-29178022#122
傳　　　　真／02-29157212

法律顧問／眾勤國際法律事務所
印刷製版／緯峰印刷股份有限公司
版權所有‧翻印必究

出版日期／2018年1月22日初版
　　　　　2018年1月26日二刷
定價／新臺幣380元
本書如有缺頁、裝訂錯誤、破損請寄回更換
歡迎團體訂購，另有專案優惠，
請洽02-27766133#252

國家圖書館出版品預行編目(CIP)資料

幸福樂齡：高年級的人生課 / 葉雅馨總編輯.
-- 初版. -- 臺北市：董氏基金會<<大家健康>>
雜誌, 寶佳公益慈善基金會, 2018.01
　　面；　公分
ISBN 978-986-92954-8-2(平裝)
1.老年 2.生活指導
544.8　　　　　　　　　　　106024341